JN244358

こども哲学 ハンドブック

自由に考え、自由に話す場のつくり方

特定非営利活動法人
こども哲学 おとな哲学
アーダコーダ 著

この本を読むみなさまへ

こども哲学とは、答えが1つとは限らない、答えがすぐには出ない、あるいは答えがないかもしれないような哲学の問いについて、こどもと対話によって探求していく活動です。1970年代にアメリカではじまり、その後世界各国に広まり、日本でも地域や学校でさまざまな活動が行なわれています（11ページ参照）。

本書は、こども哲学を自分でもやってみたいという方に向けた入門書です。まず、はじめてみる、ということを手助けできるよう、こども哲学をイベントとして開催する際に準備することや、イベントをどのように進めていくかについて、ていねいに記しました。また、対話を進める際に、何に気を付けるとよいか、どのようなスキルを身につけておくと役に立つかなどについてわかるようになっています。

本書は、私たちの団体アーダコーダ（119ページ参照）が開催する「こども哲学ファシリテーター養成講座」のテキストをもとに再編し、加筆修正しました。

ファシリテーターとは、こども哲学を進行する役割のことです（60ページ参照）。アーダコーダの講座には、ご自身のこどもとこども哲学をやってみたいという方から、地域でこども向けのイベントを開催してみたい方、学校の先生など、さまざまな方が参加されます。講座を受けられた方で、実際に各地でこども哲学を実践されている方もたくさんいらっしゃいます。

こども哲学は伝統的な方法論が構築されていたり、研究者や専門家によって知識体系がきれいにまとまっていたりするような分野だとはまだ言えません。日本でも多くの実践者が、自分の活動を通して得たことを蓄積し、ほかの実践者と意見を交わしながら方法論を育てていっている段階です。本書の内容も、そういった多くの実践者の体験や知識を集めて編み出されています。

こども哲学は、誰とどのような場所でどのようなテーマを取り上げて行なうのかなど、さまざまな要素に応じて役に立

つ方法論も変わります。本書だけで、すべてが網羅できているというわけではありません。ここで言われていることをこども哲学のやり方の「答え」とは思わず、最初の入口にして、試行錯誤しながら、ぜひ、ご自身なりの方法を育てていってください。

本書の対象者

・こども哲学に興味がある人
・考える力を身につけたい人
・家族とこども哲学をしてみたい人
・地域のこどもに向けてこども哲学を開催してみたい人
・生徒とこども哲学をしてみたい学校の先生
・おとな哲学（おとな同士で哲学の問いについて対話する場）を開催・参加してみたい人

※ 本書のいくつかの要素はおとな哲学を開催・進行する上でも、役に立つと考えています。本書の内容をおとな向けにアレンジしてみてください。

本書の構成

CHAPTER 1 事前準備では、こども哲学をイベントとして開催する際に考えておいた方がよいいくつかのポイントについてご紹介します。

CHAPTER 2 こども哲学の進め方では、こども哲学の場で、どのようなことをどのような順序で進めるのがよいか、またそれらの方法についてご紹介します。

CHAPTER 3 問いを深めるコツでは、こども哲学におけるファシリテーターという役割について、また、ファシリテーターが哲学の問いをこどもと一緒に探求し、深めていくためのコツについてご紹介します。

それでは、本書を片手にこども哲学をはじめましょう。

CONTENTS

本文イラスト：須山奈津希

カバー・本文デザイン：ナカグログラフ（黒瀬章夫）

PROLOGUE

こどもの謎と
出会う

こどもは日々、たくさんの謎と出会っています。例えば、花を見て「なんで色があるの？」と思ったり、川面に石を投げ込んで「なんで石は沈むの？」と思ったり。はたまた、お母さんにしかられて「なんであんなに怒ったのだろう？」と悲しくなったり、友達と遊んで「なんで友達と遊ぶのはこんなに楽しいんだろう？」とうれしくなったり。触れ合うことが新しいものであふれて、めまぐるしく生きています。

おとなにとってはあたりまえのようなことも、こどもにとっては大きな謎であることはたくさんあるでしょう。身近なこどものそういった謎に出会ったとき、あなたならどうしますか？　おとなの知識を使って、正解を教えたいと思いますか？　それとも一緒に謎に立ち向かうことを楽しみますか？

謎にもいろいろな種類があると思います。調べれば答えられるものもあれば、答えられないものもあります。専門的なことについて書かれた本もたくさん出版されていますし、本が手元になくても、インターネットの世界にはあふれんばかりの情報が公開されています。「宇宙はどこまで続いているの？」と、こどもに質問されたら、あなたはすぐにコンピューターを開いて、インターネットの検索窓に同じ言葉を入力して調べることもできるでしょう。でも、その情報はほんとうに信じてよいものなのでしょうか？　誰かの憶測が混

ざっているかもしれないし、間違いが混ざっているかもしれません。どの情報がほんとうであるかはおとなもこどもも自分で見つけ出していく必要があります。

　あるこどもは抱いた疑問を友達に話すかもしれません。でも、必ずしも、友達がその疑問に共感してくれるとは限りません。誰かが反対の意見を言うこともあるでしょう。意見を否定されたことで、けんかになるかもしれません。ここでもほんとうは誰が間違っていて、誰が正しいのかを教えてくれる人はいません。こどもたちはどうやって正しいと思える答えを導き出していけばよいのでしょう。

　学校教育の場でも、これからは正解を覚えることよりも、答えを導き出したり、自分の意見がどうして正しいと思うのかを説明できたり、ほかの人と意見を交換できるようになることが求められています。「アクティブラーニング*」といった考え方もそのように自分で答えを導き出せる力に注目したものです。大学受験でも能動的に考える力や、ディスカッションによって誰かと一緒に考えられることが求められるようになってきています。

　こどもから無邪気に投げかけられる謎にすぐに答えを与えることをちょっとだけこらえて、謎を大切に育み深めること、さらにどうやって正解にたどり着けられるかを一緒になって探していくことが、身近にいるおとなたちにとっても

TRUE
FALSE

大切なことになってくるでしょう。それはおとなにだって難しいことです。そしてやり方は1つではありません。

「こども哲学」は、そういった答えがすぐには見つからない、答えを自分で導き出さなければならないような謎（哲学の問い）を、こどもと一緒に対話することによって考えていくという1つの方法です。

＊アクティブラーニング＝学習者である生徒が受動的になってしまう授業を行なうのではなく、能動的に学ぶことができるような授業を行なう学習方法です。

1 こども哲学の歴史

　こども哲学は、ニューヨーク市にあるコロンビア大学哲学科の教授だったマシュー・リップマンらが、1960年代末に哲学的概念や要素を盛り込んだ自作のオリジナル小説を教材にして対話を行なったのが始まりとされています。

　彼は自らの教育実践を「こどものための哲学 (Philosophy for Children)」と呼びました。ですので、今でもこども哲学はその頭文字をとり、「for」を数字の「4」に置き換えて「P4C（ピーフォーシー）」と呼ばれることがあります。

　その後リップマンはこども哲学に専念したいと考え、モントクレア州立大学に移籍し、仲間とともに「こどもの哲学推進研究所 (IAPC)」を設立します。この研究所で学び、活動した研究者や実践者が起点となって、こども哲学はアメリカ国内にとどまらず、世界に広がっていきました。その結果、現在では、シンガポール、中南米、ヨーロッパ、韓国、オーストラリア、ハワイをはじめ全世界の50から60の国や地域で普及・実践されるようになっていることが報告されています。

　リップマンのはじめたスタイルから学びながらも、各国、地域ごとの特徴や課題に合わせて独自に実践をアレンジさせていっています。例えば、43ページで紹介するコミュニティボールは、ハワイの実践者たちがこども哲学のツールとして独自に作成したものです。日本でもその方法論を学んだ

実践者が持ち帰り、いろいろな場所で使われています。

　こういった世界の動向に比べると、日本でこども哲学が本格的に注目されるようになったのは比較的最近です。2000年代に入ってから、関西の研究者たちにより学校での実験的な実践が行なわれるようになりました。さらに2010年代に入ると、首都圏の私立小学校や中学校でのカリキュラムの一環としてこども哲学の導入が試みられるようになりました。

　最近では学習指導要領にも「主体的・対話的で深い学び」や「考え、議論する道徳」といった文言が加えられ、すぐに答えの出ない問題をほかの人とともに議論し、考え抜く力が、教育現場でますます重要視されています。こういった社会的な背景に後押しされたことで、首都圏の私立校に限らず、地方を含む公立や国立の学校でも、ここ数年はこども哲学に取り組むところが急速に増えています。

　また、学校での導入の動きに合わせるようにして、学校の外でも、地域のこどもたちに向けたこども哲学の取り組みが増えています。親子で参加できるものや、公民館などで絵本を読んでこども哲学を行なうもの、美術や造形をテーマにするもの、塾で探求学習と合わせて行なうもの、プログラミング教室で行なうものなど、その多様な取り組みは学校ともまた違い、地域で実践するこども哲学ならではの魅力があります。

2 こどもと哲学する

　「哲学」という単語を耳にすると多くのおとなは、難解なものや専門的なものをイメージするのではないでしょうか。それだけでとっつきにくさを感じる人もいるかもしれません。それをこどもと一緒にするなんて、無理があると思うのではないでしょうか？

　こども哲学では、こどもが疑問に思っていることを、こどもとおとな、またはこども同士が対話によって深めていきます。ここで行なわれる「哲学」とは、有名な哲学者の本を読み込んだり、哲学の歴史や難しい理論を勉強したりすることとは異なります。

　この本では、哲学で扱われるような「答えがすぐには見つからない問い」「答えが1つとは限らない問い」「答えがないかもしれない問い」について、対話することによって探求していくことを、Studying Philosophy（哲学を勉強する）と対比させ「Doing Philosophy（哲学する）」と呼んでいます。

　こども哲学をわかりやすく紹介するために、「こどものための哲学」という動画※があります。立教大学 SFR 共同研究プロジェクト「死生観と道徳性の生涯発達における対話の効果についての研究」の一環で制作されました。こども哲学が行なわれる場をイメージするのにとても参考になります。

※ URL　https://youtu.be/TiHGrPFwEJ8

こども哲学の場では、話をするときはみんなで輪（サークル）になります。椅子を丸く並べて座ったり、地べたに座り込んだりします。広い体育館で大きな１つの輪をつくることもあります。こどもの年齢や人数などによっても変わりますが、30分から２時間程度の時間をかけます。

　そのようにお互いの顔が見える形になって全員で時間をかけて１つの問いについて話をしていくと、ふだんは聞き出せないようないろいろな意見に触れることができます。ときには反対意見を言われることもあります。もっと具体的に説明することを求められたり、なぜそう思うのかの理由について尋ねられたりすることもあります。いつもだったらめんどうくさくなってしまうようなことも、そうしてほかの人と一緒にじっくりと紐解いていくと、自分の考えていることや気になっていることについて、自分だけでは思いつかなかったような新しい発見を得ることができます。

　「哲学する」ための問いやテーマには、こうでなければならない、という制約は特にありません。うまく選ぶコツのようなものはありますが、絶対にそうでなければならない、というものではありません（48ページ参照）。こどもが、ふだん、疑問に思っていることをそのまま考えてみることもあります。その日のために新しい問いを決めることもあります。例えば以下のようなものです。

「友達はたくさんつくるべきか？」
「ふつうってなに？」
「ロボットにこころはあるか？」

　身近なことがテーマになることもあれば、専門的な学問の知識が必要そうなことがテーマになることもあります。こども哲学では、あらゆる問いを受け入れて対話をします。ただし、こどもと哲学するために、哲学に限らず専門的な知識は必要ありません。すでに知っていることよりも、その場で考えることを大切にするからです。

　きちんとこどもの疑問をくんで話を進めたり、より議論が深まるように促したりすることは、たとえアカデミックな哲学の専門家だったとしても、全員がうまくできるわけではありません。反対に、まったく哲学を勉強したことがない人が、こどもと一緒に話すことや遊びの延長のようにして哲学的な対話を繰り広げられることもたくさんあります。おとながこどもに「教える」のではなく、一緒に「哲学する」からこそできることです。

こども哲学には以下のような特徴があります。

> ・何かを決めたり、結論を出したりはしない。
> ・「会議」「学級会」ではない。
>
> ・相手を打ち負かしたりはしない。
> ・「ディベート」「政治家同士の論争」ではない。
>
> ・相手の意見を聞くだけでは終わらない。
> ・「意見交換（みんなちがって、みんないい）」ではない。
>
> ・ただわいわい楽しむだけではない。
> ・「おしゃべり」ではない。

こども哲学が、会議やおしゃべりではなく「哲学する」ためには、ふだんとは違ったことに気を付ける必要があります。この本には、こども哲学に興味をもったおとなたちが少しでも「哲学する」ことを感じることができるようなヒントがたくさん詰まっています。

3 体験したこどもたちの声

　ここで、こども哲学を体験したこどもたちの声をご紹介します。

「あたまがぐちゃぐちゃになるくらい考えた」（6歳）
「楽しかった！」（7歳）
「哲学は楽しいと思いました。またやりたいです」
（9歳）
「友達が考えていることが分かって面白かった。こんなテーマで1時間も話せないと思っていたけど、たくさん話せて、びっくりした。今度は違うテーマでやってみたいです」（11歳）
「自分の話したかったテーマは選ばれなかったけど、面白かった」（11歳）
「『自分とは違う人の意見を聞く』というのは、とても新鮮で楽しかったです。そうやって、自分の視野が広がっていくことで、逆に自分がどういう性格・考え方をしているのかが、なんとなくわかるのが哲学対話のミソかもしれないと思いました。実際に私は、自分がどんな考え方の持ち主かがわかって、少し驚くこともありました」
（13歳）
「発言するのは苦手なのですが、発言してくださいと言われたときに言った言葉に『なるほど』と言われて、とても

うれしく感じました。発言して、その言葉に同意を得たらこんなにうれしいものなんだとはじめて感じたと思います」（13歳）

こども哲学は、私たちの経験によるとほとんどの場合が楽しめるものになります。こども哲学という特別な場で、いろいろな制約から離れ、自由に考え、話し、お互いの意見を聞き合うということは、こども自身にとっても楽しいことなのです。そして、こどもたちはこのような経験を繰り返すことで、誰かとの対話を通じて問いを探求するための技術や姿勢を身につけていきます。

> **こども哲学の目的**
> ・参加したこどもたちが、1つの問いをめぐって考えたこと、感じたことを述べ合い、聞き合うことで、考えを深め、お互いを理解できるようになること。
> ・そのための技術と、姿勢を身につけること。

4 こども哲学を開催する

　ここまでの内容で、こども哲学に興味を持っていただけましたでしょうか？　さて、次はあなたが実際にこども哲学を開催する番です。

　こども哲学を自分で開催する方法にはいくつかあります。自分がやってみたい、もしくは試しやすい方法からはじめてみることをお勧めします。

・親子でやってみる

　身近にいるこどもと哲学の問いについて対話をしてみる方法です。実際に少し試してみるだけでも、ふだんの会話とどれだけ違う反応が得られるかを体験することができるでしょう。会場も企画もいらない、一番はじめやすい方法です。

・地域や施設で開催する

　自分の住んでいる地域や、ゆかりのある場所、公民館や図書館、美術館などの施設でこども哲学のイベントを開催してみる方法です。対話をする会場にもよりますが、比較的、人数や時間、テーマなどの制約が少ないので、いろいろな面白いイベントを企画・開催することができます。参加するこどもの保護者には、イベントに同行してもらう、参加について理解を得るなどの配慮が必要です。

・学校で開催する

　学校で開催する方法にはいくつかあります。教科の中で学びを促進するための方法として取り入れる、総合学習の時間を使って、または学校独自のカリキュラムとして哲学対話の授業を取り入れる、放課後の部活動など授業以外の時間に取り入れる、などです。

　学校には、同世代のこどもたちが生活する教室という特有のコミュニティゆえの難しさが伴います。例えば、複雑な友人関係のなかに置かれる子、人前で話すことに恥ずかしさを感じる子、発言を茶化されることへの不安を抱えた子などがいます。そういった環境では、問いを投げかけても発言が出づらく、対話が進まないということが起こります。

　先生が進行役をする場合は、先生と生徒という関係が対話に影響することもあります。先生の問いかけに対して、"大人が求める正解"を話そうという意識がこどもたちに強く働き、多様な意見が得づらいこともあります。

　こういった困難のある教室を「自由で安心して話せる場」にしていくために、ファシリテーターには工夫や経験が必要となってきます。大切なのは1度や2度の対話の体験から失敗か成功かを判断せず、時間をかけて回数を重ねるなかでこどもたちとの関係性を築いていくことです。

　また学校に導入する際には、管理職、同僚教員、保護者な

どの周囲の理解も欠かせません。答えのない問いについて対話によって取り組むというこども哲学にどういった成果があるのか見えにくい、と捉える方もおられます。タイトなカリキュラムのなかで、こども哲学の時間をいかに確保できるか、ということにも頭を悩ませることになるはずです。

　この本では、こども哲学全体として参考になることをまとめることに注力したので、このような学校での実践特有の問題について細かく触れません。詳しく知りたいという方は、学校での実践に特化して執筆されたすばらしい書籍がありますので、そちらを読まれることをお勧めします（113ページ参考書籍・情報　学校での実践を参照）。

　学校に限らず、公的な施設などで開催する際は、開催する場所や団体の関係者と企画内容を確認し、何かその場所特有のケアすべき点がないか、ということは事前に相談しておくとよいでしょう。

「おとな哲学に参加する」

なかなか哲学対話のイメージが湧かない、という方は、まずはおとな同士が集まって、哲学する場に出向いてみるのはいかがでしょうか。そういったおとな向けの哲学の場は、「哲学カフェ」と呼ばれ、いろいろな地域で毎週のように開催されています。

おとな哲学でも、数人で輪になって1つのテーマに向き合って考える、という基本のスタイルは変わらないことが多いです。知識も経験も深いおとなたちの対話なので、こどもと哲学をするよりも、対話の展開がより複雑だったり、政治や社会問題なども踏まえたようなテーマが選ばれたりすることがあるかもしれませんが、まだ慣れない人がはじめに哲学する空気感にふれてみるのにはとてもお勧めです。

「哲学カフェ」の情報はインターネットで調べることができます。試しに、住んでいる地域と「哲学カフェ」という単語で検索してみてください。近所で開催しているイベントが見つかるかもしれません。ほかにも哲学カフェを開催している団体のWebサイトを見てみることもお勧めです（114ページ参照）。そういった場に一度出向いて、ほかの参加者に質問してみると、ほかの地域や団体が開催しているイベントを教えてもらえるかもしれません。そうやって、いろいろな哲学の場に出向いてみて、まずは自分が参加者として楽しんでみてください。

1つ気を付けてほしいことは、おとな哲学に参加することに慣れてきたころに、そこでした体験をそのまま活かしてまったく同じようにこどもと対話をしようとしても、思ったとおりにはいかないということがあるかもしれない、ということです。

こどもと対話をする場合は、おとなとの対話を真似するだけではなく、後の章で紹介するような問いの選び方や、対話の進め方などを参考にして、改めて企画を練り直すことをお勧めします。

CHAPTER 1

事前準備

自分でこども哲学を開催する際に考えておくとよい6つのことについて紹介します。もし自分で開催するならどういう会になるか、これらを1つずつ埋めながら企画を練ってみましょう。

　すべてきちんと決めなければうまくいかないということではありません。開催するコミュニティや場所の都合で自ずと決まってくることもあれば、うまく決めきれないこともあるでしょう。うまく決まらない場合はその都度、柔軟に対応しましょう。ただ最低限、これらのことを事前に（決められなくても）想定しておけると、当日の進行をスムーズにするのに役立ちます。

参加者の年齢を決める／人数を決める／時間を決める／場所を決める／道具の準備／仲間を集める

　アーダコーダの講座修了生の方々との交流会で、「もし、こども哲学を自分で開催するとしたら？」というテーマでディスカッションをした際に参加者の方からあげられたアイディアを2つ、参考にご紹介します。

- ・ テーマ：ゴミってなに？
- ・ 対象：未就学児、小学生
- ・ 人数：10人程度
- ・ 時間：1〜2時間
- ・ 場所：公園など自然があるところ
- ・ 告知：チラシを作成して地域の施設に設置、
  Facebook でのシェアなど
- ・ そのほか：ゴミ拾いをしながら、
  またはゴミ拾いをした後に対話をする

- ・ テーマ：ソーシャルジャスティス（偏見と差別、難民）
- ・ 対象：小学校3〜4年生
- ・ 人数：8人程度
- ・ 時間：1〜2時間
- ・ 場所：図書館など、無料で開催可能な場所
- ・ 告知：チラシを作成し、図書館、学校などに設置
- ・ そのほか：全7回程度を定期開催
  各回絵本を読んでそれについて話す。土日開催

　このように面白い企画を考えるだけでもワクワクして、実際に開催してみたくなりませんか？

1 参加者の年齢を決める

　誰に参加してもらうかを決めましょう。言葉を覚えていて自発的にほかの参加者と話ができる小学生から中学生くらいがこども哲学の対象です。ただ工夫すれば、対象は未就学児から高校生まで広げられます。高校生は向いていないというわけではなく、おとな同士の哲学対話と同じようなやり方で実施できるようになります。

　年齢層によって特徴があるのでイベントの企画には注意が必要です。同じ対話の輪に異なる年齢層のこどもがまざっているよりは、なるべく年齢別に分けて行なうことをお勧めします。もちろん異なる年齢層同士でも対話ができないわけではありませんが、取りまとめるおとなの側に経験が必要になってくるでしょう。

　わかりやすい例では、未就学児と小学生とでは、語彙も知識の範囲も異なります。さらには、ふだんの生活や周囲の人との関わり方も異なります。「友達ってどんな人？」という質問でも思い描く人物像やシーンも変わってきます。「塾で一緒の子」「秘密を打ち明けられる子」などの例が出たときには、未就学児に「塾というのはね」「秘密を打ち明けるというのはね」とその都度説明が必要になりますし、理解を得るまでに小学生が飽きてしまうかもしれません。

　基本的にはイベントのお知らせに対象年齢を明記して、参加する年齢層を予測できるようにしておくことが必要です。

2 人数を決める

　5人から10人くらいがちょうどよいです。少ない場合で、3、4人で行なうこともあります。慣れてくれば40人など大人数で行なう方法もあります。こども哲学にはじめて参加するようなこどもたちなら、参加者が多い場合でも、なるべく5人くらいの少人数グループに分けてそれぞれ対話をした方が、意見が出やすくなります。

	メリット	デメリット
少人数	対話の場に緊張感が出にくく、発言が出やすい	多様な意見が出にくいため、考える範囲や視野が狭くなる
大人数	多様な意見が出やすいため、考える範囲や視野が広がる	対話の場に緊張感が出やすく、発言をしにくい

　また、イベントの集客を自分で行なう場合、最初から大人数の設定にしてしまうと、その分集客が大変になります。開催する施設や団体と共同で行なう場合など、参加者数にある程度見込みがある場合は問題ありませんが、そうでない場合や、はじめてイベントを開催する場合は、少人数にしておくと安心です。回を重ねるにつれて周囲への認知度もあがり人数が増えてきたら、大人数を受け入れられるよう、徐々に運営方法を見直していくとよいでしょう。

3 時間を決める

　イベントの時間は、30分から2時間が目安です。授業時間や会場の制約がある場合は与えられた時間に合わせ、柔軟に時間配分を考えましょう。

　年齢によって集中力がどの程度持続できるかということも変わります。年齢層が低くなればなるほど時間を短く区切って、集中力が切れるタイミングで、その都度アイスブレイク（39ページ参照）や休憩を入れるということが大切です。未就学児の場合は、15－20分に1回程度アイスブレイクがあるとよいでしょう。

それぞれの時間配分の例

30分の場合（全年齢）	1時間の場合（全年齢）
・問いをつくる 10分 ・探求する 20分	・問いをつくる 30分 ・探求する 30分
2時間（小学生の場合）	**2時間（中高生の場合）**
・問いをつくる 60分 ・探求する 60分 ※集中力が切れそうになったら、アイスブレイクや休憩を入れる	・問いをつくる 30分 ・探求する 90分 ※集中力が切れそうになったら、アイスブレイクや休憩を入れる

4 場所を決める

　カフェ、公共施設、学校（教室や体育館、図書室など）など、安心して対話ができる場所であればだいじょうぶです。声が通るということが担保されることが重要です。特に街中のカフェでは、イベント参加者以外にも通常のカフェ利用者がいる場合や、BGM が流れている場合には、想定の距離で声が聞こえるかどうか事前の確認や注意が必要です。

■場所の探し方
・自主イベントの場合
　地域の公共施設やカフェをインターネットなどで検索し、予約ができるか、条件に合うかなどを調べる
・学校、団体との共催の場合
　該当する学校・団体と相談して決める

■場所のチェック項目
・会場にイベントの趣旨を伝えて開催の許可をとったか？
・こどもが歩き回った場合に危険はないか？（低年齢の場合）
・サークルをつくるスペースはあるか？
・声はきちんと聞こえるか？
・会場のレンタル費用はかかるか？
・「1品は必ず注文すること」など条件がある場合、飲食費用はどの程度かかるか？

5　道具の準備

　道具は基本的には何もなくても OK です。あったら便利なものは、黒板やホワイトボード、画用紙などです。発言の内容と発言同士の関係をメモして、みんなで見られるようにします。利用する際の注意点としては、書いてあることにひっぱられて、自由な意見が出にくくなることです。まとめ役のおとなは、書いてあることを気にせず、自由に発言するように適宜促す必要があります。

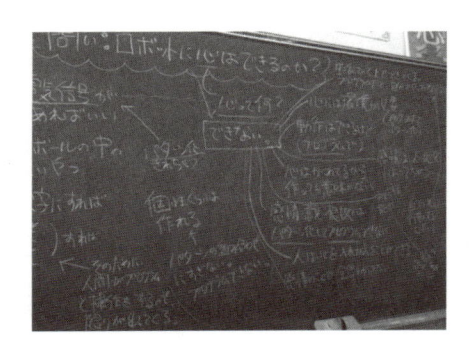

　また、最初のうちは、絵本などの教材があるとよい場合があります。最初に絵本を読んで、そこから具体的な問いを立てていくというやり方です。詳しい方法は、46ページの「3 素材をシェアする」と、48ページの「4 問いを立てる」にまとめています。

6 仲間を集める

　自主イベントとして開催する場合は、対話の進行役（ファシリテーター）以外にもサポートしてくれる人を募ることがお勧めです。その理由の1つは、役割分担です。開催する場所によっては、受付が必要な場合があります。受付は、入場時に参加費を受け取る場合や、出欠を記録しておきたい場合などに必要になります。また、参加者が遅れて到着した場合に案内が必要になることなどがありますので、対話を中断させないためにも、もう1人サポート要員がいると安心できます。学校で先生が行なう場合などは、参加者がそろっていて場所に慣れているところからはじめられるので、受付は不要です。

　もう1つの理由は、対話の進行自体を助けてもらえるという点です。対話が発散してしまったときや、行き詰まってしまったときなどに助け舟を出してもらうことができます。また、イベントが終わったあとに、一緒に振り返りができます。「あの対話の展開は面白かった」「あそこで別の視点を持ち出せたらもっと議論が発展したかもしれない」などのように語り合えるのは、単純にとても楽しいですし、もっとよいイベントを開催していくための参考になります。同じような興味を持つ友人に声をかけたり、こどもを持つ親同士で協力を募ったり、おとな哲学に参加して仲間を探してみるのもよいでしょう。

企画書にまとめる

これまでの事前準備で考えたことを踏まえ、企画書をつくってみましょう。自分が実際にイベントを開催するとしたらどんなこどもたちにどんなテーマで話をしてもらいたいか、どんな場所で開催できそうかなど、アイディアをいくつか書き出してみましょう。そのなかで実現できそうなものがあったら、次はぜひ行動に移してみてください。

単に頭のなかで思い描くだけでなく、企画書のような形で実際に書き出してみると、企画内容に無理はないか？　時間は足りているか？　など、チェックがしやすくなります。

また、同じ内容をもとに SNS に投稿するメッセージや配布するチラシをつくることで、集客のための告知にも活用できます。

イベントタイトル	やってみよう！こども哲学
開催日時	2018年6月16日（土）13:00〜15:00
開催場所	○○カフェ
対象年齢	小学生
人数	10名まで（最少催行人数3名）
テーマ	友達
タイムスケジュール	自己紹介 15分 アイスブレイク 15分 問いをつくる 30分 探求する 1時間
参加費	500円 ※○○カフェでの飲食費
運営スタッフ	ファシリテーター 堀越 サポート 三浦

CHAPTER 2

こども哲学の進め方

この章では、具体的なこども哲学の進め方について紹介していきます。こども哲学のイベントを自分で企画・開催するとき、具体的にどのような流れに沿って進めていけばいいのか、また、それぞれの場面でどのようなことに注意する必要があるのかなどについてまとめています。

　こども哲学はおおむね以下のような流れに沿って進められます。最低限、チェックが付いている項目だけでも、こども哲学を開催することができます。それ以外の項目については開催する人の経験と、場との相性などを考えながら、何を取り入れるかを考えて決めましょう。

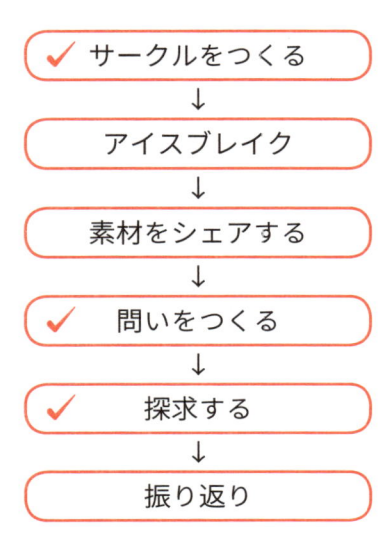

✔ サークルをつくる
↓
アイスブレイク
↓
素材をシェアする
↓
✔ 問いをつくる
↓
✔ 探求する
↓
振り返り

この章にあげる内容は、私たちが実際にこども哲学を開催した経験や、開催してきた方々へのインタビューのなかから、うまくいったケースや共通してよく使われる方法、はじめての人でも取り入れやすい方法などを抽出してまとめたものです。「このようにすれば絶対にうまくいく」とか「このようにしなければうまくいかない」というこども哲学の正解を伝えるものではありませんし、すべてのケースを網羅できているわけでもありません。もちろん「このようにしなければこども哲学とは呼べない」というようにこども哲学について定義づけをしたり、権威づけをしたりするためのものでもありません。

　繰り返すようですが、この内容を参考に、自分で開こうとしているイベントの特徴や開催する上でのさまざまな条件、自分がそのイベントを通してどのようなチャレンジをしてみたいのかなどを具体的に思い浮かべながら、自分だったらどうするのかという実際の方法について見直したり、修正を加えてみてください。そして、実際に開催してみたら、そこから得られた反省点などをフィードバックして、さらにやり方を工夫してブラッシュアップしていってください。そうするうちに、あなたならではのカラーのあるこども哲学ができあがっていくはずです。

　それでは、それぞれの項目について詳しくご紹介していきます。

1　サークルをつくる

　はじめに、全員で輪になります。お互いの顔が見えるよう、きれいな輪の形をつくって座ることがお勧めです。テーブルはなるべく部屋の脇に片付けて、椅子だけで円をつくって座りましょう。椅子だけを使う方が対話に集中できます。スペースの都合でテーブルをよけられない場合や、カフェなどで飲み物が手元にある場合などは、テーブルを置いたままでもよいです。床がカーペットや畳の場合、体育館で行なう場合などは、そのまま直に床に座ることもあります。床に座る方が、こどもがリラックスできます。

　グループを複数つくって対話をする場合は、声が混ざらないよう、会場内のなるべく離れた位置に輪をつくりましょう。体育館などの広いスペースで行なう場合は30人程度であれば大きな1つの輪をつくって対話することもできます。その際、ファシリテーターは声が聞こえやすいように立ち上がって話したり、お互いの声がきちんと聞こえているか、よく配慮するようにしましょう。

　未就学児や小学校低学年の場合は、走り回って遊んでしまい、なかなか輪になってくれないということもよくありますが、そんなときはしかって無理に止めたりせず、飽きて対話の輪に戻ってくることを待ったり、アイスブレイクを取り入れたりして、輪になることを促しましょう。

テーブルを使わない場合

テーブルを使う場合

大きな輪をつくる場合

複数のグループをつくる場合

2 アイスブレイク

　アイスブレイクとは、緊張をほぐしたり、声を出すのに慣れてもらったり、集中力が途切れたときに気分転換をしてもらうための方法のことです。こども哲学では簡単なゲームなどを取り入れることが多いです。時間が取れない場合は、とばしてもだいじょうぶです。ここでは３つのアイスブレイクをご紹介します。

1.　なんでもバスケット（お勧め：未就学児 / 小学校低学年）

　フルーツバスケットというゲームの、お題がなんでもいいバージョンです。みんなで輪になって椅子に座り、鬼が言ったお題に当てはまる人は１度席を立って空いている別の席に座らなければなりません。

　身体を動かすことで緊張をほぐすきっかけにもなりますし、最初の着席時に、友達同士で固まって座ってしまっているときなどに席をシャッフルするのにも使えるアイスブレイクです。

ゲームのルール

・参加者の人数より１つ少ない椅子を用意します。
・椅子を円の状態に並べて座ります。
・鬼は中央に立ちます。

・鬼がお題を出します。
・お題の例：朝パンを食べた人、きょうだいがいる人、など
・お題に当てはまる人は立ち上がって、空いたほかの席に座ります。鬼も空いた席に座ります。
・座れなかった人が次の鬼です。
・鬼が「なんでもバスケット」と言ったときは、全員が席を立たなければなりません。
・これを繰り返して遊びます。

　慣れるまで、はじめはファシリテーターがルールを説明しながら鬼をするとよいでしょう。慣れてきたらファシリテーターも一緒にまざって遊びましょう。

2. 質問ゲーム（お勧め：小学生 / 中学生）

　こども哲学では、はじめはなかなかうまくほかの人の意見について質問することができません。質問ゲームは、少人数でグループになり、回答者と質問者にわかれて、なるべくたくさんの質問をするゲームです。短い時間にどんどん質問をすることでテーマにまつわるこども同士の理解も深まっていきます。

ゲームのルール

- ４〜５人を目安にグループになり輪になって座ります。
- テーマとなる質問を１つ用意します。
- １人が「回答者」になります。
- 回答者はテーマとなる質問に答えます。
- それ以外の人は「質問者」となり、回答者の答えについて質問をしていきます。
- 思いついた人からテンポよく質問をしていきます。質問する順番は問いません。
- ２〜３分が経過したら回答者は輪の隣の人に移ります。タイムキーパーを決めてもよいでしょう。
- 全員が１度は回答者になるように１周します。

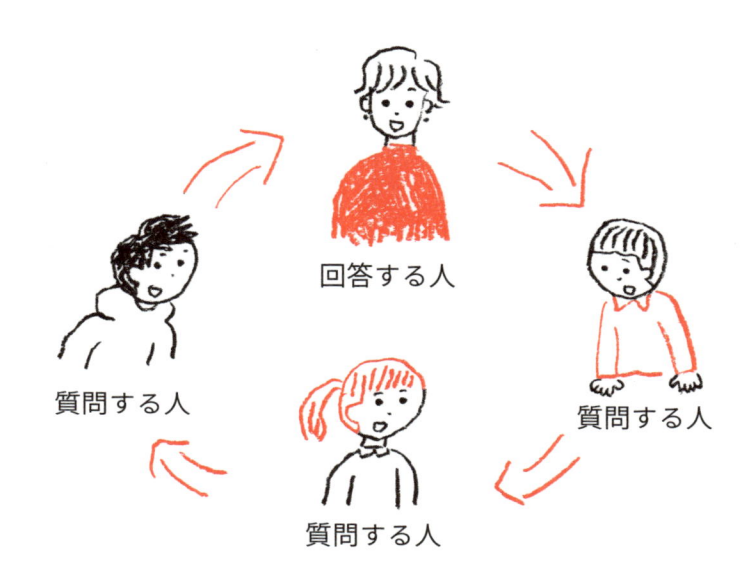

回答する人

質問する人

質問する人

質問する人

例題：幸せって思うのはどんなとき？
回答者：「ごはんを食べているとき」
質問者：「なんでごはんを食べると幸せになれるの？」「どんなごはんでもいいの？」「まずくてもいいの？」

■そのほかの例題
・もし１度だけ魔法が使えるとしたら、どんな魔法を使いたい？
・永遠に生きられるとしたらなにをする？
・自分を動物に例えるとなに？

3. コミュニティボールをつくる（お勧め：全年齢）

　11ページでも紹介した、ハワイで開発されたものです。みんなで1つの毛糸玉をつくります。これはその後の対話でも使えるコミュニケーションツールにもなります。連続して開催するようなイベントでは、このコミュニティボールづくりを1回めのアイスブレイクとして実施したりもします。

11ページでも紹介した、

コミュニティボールの使い方

　コミュニティボールには3つのルールがあります。このルールを活用して対話のなかに取り入れます。
・ボールを持っている人が話す人。
・次に話したい人は手を挙げて、前の人からボールをもらって話す。
・ボールが回ってきても、話したくないときはパスしてもOK。

　コミュニティボールの代わりに、ぬいぐるみやゴムボールなどを使うこともできます。コミュニティボールは繰り返し使っていくうちに愛着が湧いてきて、だんだんとそれを持ち出すだけでこれから「哲学」の特別な時間がはじまるという目印になっていきます。

4. コミュニティボールのつくり方

用意するもの

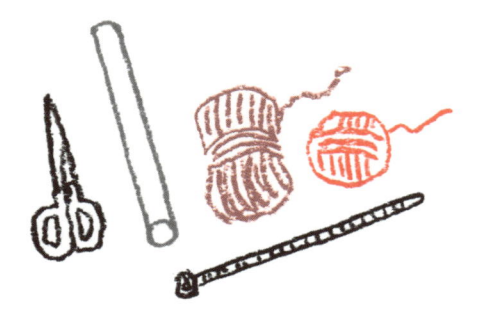

- 毛糸玉
  （4〜5個、色をたくさん用意する
  とカラフルな仕上がりになります）

- 結束バンド（1個）

- 毛糸を巻くための筒
  （1個、ラップの芯など）

- ハサミ
  （裁ちバサミがお勧め）

つくり方

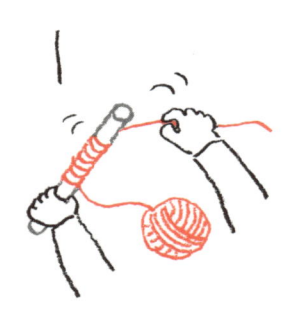

みんなで円になり、1人
ずつ順番に筒に毛糸を巻
いていきます。

毛糸を巻きながら、お題の質問に
答えましょう。
例：「あなたの名前は？」「好きなも
の・ことは何？」「苦手なもの・こ
とは何？」「好きな動物の鳴き声は？」

3

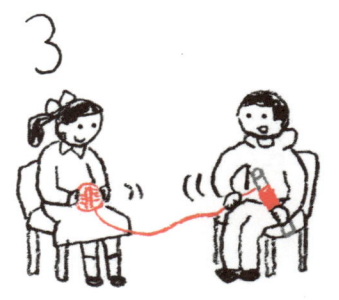

隣の人は毛糸玉から糸を出して、巻くのをサポートしてあげましょう。

4

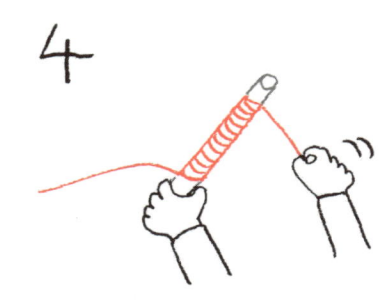

これを順番に全員繰り返します。

5

CHANGE!

毛糸がなくなったり、好みの色がある場合は、途中で色を変えても OK!

6

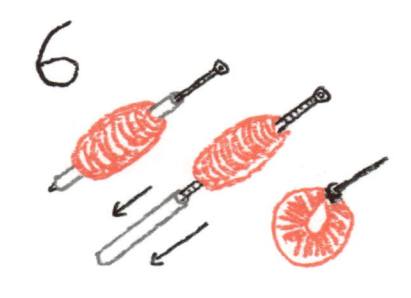

1周して毛玉ができたら筒に結束バンドを通し、筒から結束バンドへと毛糸を移します。

7

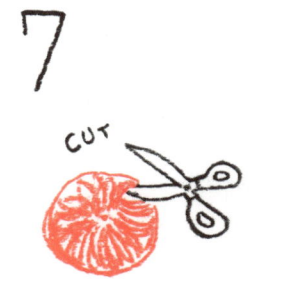

CUT

結束バンドをきつく結んだら、毛糸の束を真ん中から切って、開いていきます。

8

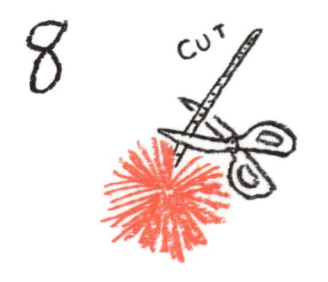

CUT

最後に結束バンドの余ったところを切って、完成です。

参考 http://p4c-japan.com/about_tool_ball/

3 素材をシェアする

　アイスブレイクによって緊張がほぐれたら、次は素材をシェアします。素材は、哲学の問いを引き出すきっかけづくりに使います。「さあ、何でも疑問に思っていることを話してみよう」と持ちかけても、慣れないうちはなかなか問いが出てこないこともあります。素材を使わない対話の方法もあるので、スキップしてもかまいません。

　絵本、漫画、アニメ、映画、音楽、小説などのいろいろな素材を最初に参加者全員で共有してから、対話を行ないます。未就学児の場合は絵本を使うのがよいでしょう。それ以外の年齢の場合は素材の種類はあまり問わず、いろいろとチャレンジすることができます。それぞれのお勧めの素材は110ページにまとめています。

　絵本を使う場合は、特に未就学児はその場で読み聞かせをすることがお勧めです。小説の場合は、該当する箇所を参加者に事前に読んできてもらうと時間の短縮になります。アニメ、映画などの動画は、全体の時間枠におさまれば、20〜30分程度のシーンを視聴してもらってもよいでしょう。素材をシェアした後、みんなの感想や気になったところ、分からなかったところなどを出し合い、そこから問いを立てていきます。

1

絵本を読み聞かせる

2

「どんなところが気になった?」
などの質問を投げかける

3

意見があつまったところで、
多数決などで特にどの意見に
ついて対話するかを決める

4

決まった問いにつ
いて対話をする

　いずれの場合も、主催者側が素材を参加者へ提供する場合には、著作権上取り扱いに問題がないことを確認する必要があります。著作権が切れている素材を使うことが最も簡単ですが、著作権がまだ有効な素材を扱う場合には、営利を目的としない(非営利)、つまり参加者からは料金を受けない(無償)で、かつ主催者側が報酬を受けない(無報酬)というような諸条件をクリアした上で、その著作物を使用する必要がありますので、事前に確認しましょう。

4 問いを立てる

　次に問いを立てていきます。問いを立てることは対話を進める上で非常に重要です。問いが１つに決まっていると、今何について話しているのかが明確になります。

　問いとは簡単に言うと「〜？」と最後がクエスチョンで終わるような疑問文のことです。

　対話をしていると、こどもたちは自由な発想や連想から、話題が道をそれていくことがあります。例えば「絶対におばけなんかいないって言えるか？」という問いで考えはじめたとします。こんなやりとりがあったとしたらどうでしょう。

A「おばけはいると思う。じゃなきゃ、こんなに話題にならない」

B「見たことはあるの？　おばけは見えない。見えないものは存在しないと思う」

A「空気は目に見えないけど存在するよね。だから、見えないからといって、存在しないとは言えないんじゃないの？」

C「僕の友達はおばけを見たことがあると言っていたよ」

B「そんなのはうそだ。いつどこで見たの？　それはどんなおばけだったの？　具体的に教えられないと信じられない」

前半は「目に見えないものでも存在すると言えるか」という話をしていますが、最後は「友達がおばけを見たというのは事実か」という話題に移っています。このようなときに、最初の問いを確認することで、なぜこの話をしていたのかという話題同士のつながりに立ち返ることができます。

　問いには2種類の形式があります。クローズドクエスチョンとオープンクエスチョンです。
　クローズドクエスチョンとは、「友達は多くつくるべきか？」の問いのように、答えをYesまたはNo、AまたはBというように2択で答えられるような問いの形式です。
　先ほどの「絶対におばけなんかいないって言えるか？」はクローズドクエスチョンにあたります。
　オープンクエスチョンとは、例えば「ふつうとは何か？」の問いのように、2択では答えられず、「ふつうとは〇〇である」のように文章で答えを説明しなくてはならないような問いの形式です。「なぜ〜か？（Why〜?）」「〜とは何か？（What〜?）」というような問いはオープンクエスチョンにあたります。
　クローズドクエスチョンの方がファシリテーターの初心者には扱いやすいかもしれません。はじめにこどもにどちらの立場に賛成か質問し、そこから「なぜそう考えるのか？」と

具体的な理由を聞いて対話を進めることができるためです。

　反対にオープンクエスチョンの場合は、対話を進める決まった方法があまりないため、ファシリテーターに慣れている人に向いているとも言えます。ただ、これもあくまで参考程度にしてください。

　こども哲学の場合は、できるだけこどもが興味を持っているものを採用することがお勧めです。あまり方式にこだわらず、なるべくこどもが話したいと思えるものをていねいに選びましょう。また問いは、こどもが発言したとおりの表現を使い、言葉尻などを変えずに進めることが大事です。例えば、「幸福とは何か？」を「幸せとは何か？」と置き換えるようなことはしないでください。言葉１つをとっても「幸福」と言われた場合と「幸せ」と言われた場合、またはひらがなで「しあわせ」と書かれた場合とでは、連想したりイメージしたりするものは変わってくるからです。

　ここでは、問いを決める方法を紹介していきます。問いを決めるには、大きく分けて５つの方法があります。
1.こども同士で出し合う
2.大きなテーマに沿ってこども同士で出し合う
3.複数の問いから選ぶ
4.あらかじめ決めておく

5. 素材をシェアしてこども同士で出し合う
　１つひとつ見ていきましょう。

1. こども同士で出し合う

　当日集まったこどもに、その日みんなで話してみたいことを聞き、その中から１つに絞っていく方法です。抽象的な話題や「こんなことがあったけど、みんなどう思う？」という体験談のような形として挙がる場合もあるでしょう。そこから全員で「〜？」という問いの形にまとめていきます。

　この方法は、参加者の人数が多い場合には、意見を集約していくためにある程度の時間が必要になります。早ければ20〜30分程度で問いが決まることもありますが、人数が多いと1時間またはそれ以上かかることもあるので注意してください。一方で、時間はかかりますが、全員で問いを決めたという意識が生まれますので、こどもが問いを大事にして対話することができます。時間の制約がある場合は、最終的には多数決で決めてもよいでしょう。

2. 大きなテーマに沿ってこども同士で出し合う

　イベントの主催者が、当日までにあらかじめテーマを決めておく方法です。具体的な「〜？」の形ではなく、「自由」、「平等」、「愛」など抽象的な概念を選ぶことが多いです。

当日は、参加者がそのテーマから具体的な問いへと落とし込みます。「自由」というテーマを決めておいたとしたら、そこから「自由には必ず責任が伴うのか？」などの問いの形にしていきます。この方法は、1番めの方法と比べるとかかる時間は少なくてすみます。

3. 複数の問いから選ぶ

　主催者が具体的な問いを3つ程度事前に用意しておく方法です。事前に決めておけるので探求に時間をより長く割くことができます。当日はこどもに、どの問いについて対話をしたいかを質問します。このとき注意してほしいことは、反対にどの問いでは対話をしたくないか、を確認することです。最近あった嫌なことや、触れられたくないバックグラウンドについて思い出されるような問いを主催者が選んでいるかもしれないからです。「この問いでは話したくない」という意見を尊重したいことをほかの参加者にも説明した上で、その問いを対象から外してもかまいません。また、問いを決める話し合いの途中で、話したいことが変わっていないかをこまめに確認しましょう。ほかの人の意見を聞いて話したいことが変わることはよくあることです。この方法でも、意見がなかなかまとまらない場合は多数決で決めてしまってもかまいません。

4. あらかじめ決めておく

　主催者側であらかじめ具体的な問いを１つに決めておく方法です。イベントの告知内容やお知らせに明記しておくことがお勧めです。こうしておくと、心の準備ができますし、その問いに興味がある人が参加することができます。ただし、反対に自由参加ではないような場所では、参加者に問いを大事にする意識は生まれにくくなる場合もあります。また、その問いについてあらかじめ何か感想や意見を考えてくる参加者がいることもあるので、最初にそういった意見を集められると、スムーズに対話をはじめることができます。

5. 素材をシェアしてこども同士で出し合う

　これは、本章「3 素材をシェアする」（46ページ参照）で紹介した方法です。素材について、こどもに感想や気になったこと、疑問に思ったことなどを質問します。集まった意見をもとに、具体的な問いの形に落とし込んでいきます。その後の問いの決め方は、１番めの方法と同じ要領です。素材の選び方によっては２番めのテーマから発想する方法よりも自由度が高いので、同じ絵本でもこどもによって受け取り方が違っていることや、主催者の想像とは全く違う方向性で対話が進むことがあり、面白いやり方です。

5 探求する

　さて、いよいよ対話によって問いについて探求していきましょう。こども哲学の参加者がこども哲学を楽しむための重要な３つのポイントをあげてみます。

1. ゆっくり取り組む

　こども哲学は早く答えることやどれだけたくさん発言できるかということよりも、ゆっくりと考えること自体が目的なので、考えている間に沈黙することは大歓迎です。また、一方的に早口でまくしたてるようなことはしないで、ゆっくり話すことを心がけましょう。

　ふだん、おとななら仕事の会議、こどもならホームルームなど、終了時刻が決められていて、それまでに何か結論を出したり、みんなの合意を得なければならないような場面では、考えることを焦ってしまうこともあるかもしれません。こども哲学では、参加者は終わりの時間は意識せずに、心ゆくまでゆっくり対話を楽しみましょう。

2. お互いの意見をよく聞き合う

　お互いの意見をよく聞き合い、自分の意見だけに凝り固まってしまわないようにしましょう。そのためには、よく質問することが大事です。「どうして?」「どういうこと?」などのようにいろいろな質問をし合いましょう。質問をすること

によって、それぞれの意見がどのような部分でどのように違っているのか、またはどのような部分が同じなのかを詳しく紐解いていきましょう。

　相手の言っていることがよくわからない、自分の意見とぜんぜん違っていてすぐには納得できない、というようなことがあってもまったく問題ありません。こども哲学は、1つひとつ質問によって解き明かしていくことで、問いと向き合う時間です。むしろ自分のなかの「わからない」を見つけてみましょう。

3. 変化することを楽しむ

　ディベートのように、自分の意見で相手を説得する必要はありません。反対に、誰かの意見を聞くうちに自分の意見が変わっていってもだいじょうぶです。いろいろな意見を聞いているうちに、凝り固まった自分の頭のなかがゆらゆらと揺らいで、変化していくことを楽しみましょう。「それって最初の意見と違うじゃない！」「うん、確かに違う。ほかの人の意見を聞いて変わってきたんだ」そういうやりとりも当然 OK です。その変化こそがこども哲学の醍醐味です。このようなことに気をつけながら、時間になるまで対話を続けます。無理に答えを出そうとはせず、リラックスして対話を楽しんでみてください。

6 振り返り

　探求の時間が終わったら、最後に、その日の対話全体を通した振り返りを行なうことがあります。時間に余裕がないときはスキップしてかまいません。振り返りでは、対話形式で振り返る方法や、振り返りシートのようなプリントを配布して記入式で行なう方法があります。振り返りのなかでは以下のようなことを話題にします。

対話の内容について
・今日話したテーマについて考えたことや疑問点は？
・対話中に話せなかったけど、改めて話しておきたいことは？

参加してみた感想
・今日は楽しめましたか？
・よく考えられましたか？
・よく聞けましたか？

　対話の内容をすべて覚えていることは難しいです。当然まだ話し足りないモヤモヤした部分や、考えきれなかった部分が残るはずです。振り返りをすることで、参加者が自分が特にどのような話題に興味があったのか、何についてもっと考えたいか、を改めて意識できます。参加者には、このモヤモヤした気持ちこそをお土産に持ち帰ってもらいましょう。

CHAPTER 3

問いを
深めるコツ

こどもが持つ多様な問いをこどもと一緒に対話をしながら考え、解き明かしていく、とはどういうことでしょうか。少し例をあげてみます。

　例えば、川面に石を投げこんだときの「なんで石は沈むの？」という問いについて考えてみましょう。

　その様子を思い描きながら考えてみると「水より重いから」「硬いから」などいろいろな仮説が浮かんでくるかもしれません。そうしたら、実際に水槽やバケツに水を溜めて、ビー玉やゴムボール、石や粘土などいろいろなものを投げ込んでみましょう。するとビー玉は沈むけれどゴムボールは浮くとか、石の中にも沈むものと浮くものがあるなど、わかってくることがあるでしょう。どういう性質のものが沈みやすいのかを吟味していけば、1歩ずつですが、問いの答えに近づいていると言ってもいいのではないでしょうか。

　言葉を使って問いを解き明かしていくことについても同じです。「なんで友達と遊ぶのはこんなに楽しいんだろう？」という問いについて考えてみましょう。

　この問いについて考えるには、まずは「友達」がどのような人のことを指して呼ぶ言葉なのかをきちんと整理する必要があります。友達という言葉は定義があいまいで、誰を友達と呼ぶかは人によって異なることがあるからです。そんなときは、こどもたちに具体的な友達を思い浮かべてもらいま

す。その人が、「親」や「兄弟」「先生」とはどう違うのかを考えてみるといいでしょう。または、まだ友達とは呼べないけれど「知っている人」を思い浮かべて、どうしたら友達と呼べるようになるか考えてみましょう。

　詳しく話し合って友達についてある程度共通のイメージを持てるようになったら、次は、なぜ友達でない人と遊ぶより、友達と遊んだ方が楽しいのかを同じように吟味していくことができます。こうして1つひとつ、問いを解き明かしていくことができれば、「友達」「遊ぶ」「楽しい」などについての答えに1歩近づいたと言えるかもしれません。

　このようにして問いを解き明かすにはコツが必要です。最初の例では、石の性質をあげて、似たようなものや、反対に似ていないものを集めてきたり、友達の例でいえば、親や知り合いなど、人と人の多様な関係性について持ち出して違いを吟味しました。このように手がかりを示すことや、前提になっていることを整理していくことが、問いを1歩1歩前進させていくためには必要になります。

　このようにこどもたちの対話を導いていくのが次にお話しする「ファシリテーター」の役目です。この章では、こどもたちが問いを解き明かしていく手助けをするために、ファシリテーターがどのようなコツや技法を身につけていくとよいのか、ヒントになることをいくつか紹介していきます。

1 ファシリテーターの役割

　ファシリテーターとは、英語で、会議やワークショップの「進行役」「まとめ役」、またはそういった場で参加者からあがる意見を整理して議論を「促進する」役目の人を指す言葉です。こども哲学でも、Chapter 2にまとめたような全体を取り仕切る進行役のこと、および、問いを立て、その問いを探求していくことをサポートする役をファシリテーターと呼びます（また、その振る舞いをファシリテーションと呼びます）。

　ファシリテーターは対話中、参加者が安心して自由に考えることができる雰囲気を醸成したり、対話がうまく進むようなきっかけを与えたり、それまでの議論の流れをまとめたり、ときには参加者と同じように自分の意見を言ったり、あえて誰かの意見に反論してみたり、対話をストップして参加者がじっくり考えることを促してみたり、さまざまな振る舞いをします。

　ファシリテーターのこのような役回りは、正直に言ってしまうと、とても難しいものです。１度で上手にできるようなものではありませんし、回数を重ねて慣れている人でも、いつでも試行錯誤の連続です。ただし、うまくやろうと話術に頼ったり、議論が１つの正解にまとまるように流れを誘導したりするようなことはあまりお勧めできません。ファシリテーターといっても、輪に加わればこどもと同じ、問いの探求者の１人です。

わからないことをわかるようにすることはふだんの学校の授業でもよく行なわれますが、わかっていると思っていたことがわからなくなる楽しさを目指す場は多くありません。そのような貴重な機会をこども哲学のファシリテーターとなって一緒に試行錯誤してつくっていけることは、とても楽しいものです。またその過程で、ファシリテーターであるおとなが「知らない」ことや「わからない」ことを自ら認めたり、こどもの意見に反論したりすることが許されるというのも、こども哲学の場ならではです。こども哲学は親であったり先生であったりおとなであることを抜きにして、こどもと同じ目線で問い合える場です。未就学児のようなまだ語彙が少ないこどもたちとの対話でも、言葉以外のさまざまな表現方法を使ってお互いの考えを深め合う楽しさがあります。こどもと一緒になって絵を描いたり踊ったりと身体を動かしながら、ふとしたときに、核心に迫れるようなとてもピュアな視点を投げかけられて、はっとさせられることもあります。

　この章に書いているようなことをヒントに、まずはあまり気負わず、こどもと一緒に哲学することを楽しんでください。ファシリテーター自身も、こどもとの対話を通して、自分の考えが凝り固まっていたことや、ゆらゆらと変化していくことに気が付くはずです。

2 ファシリテーターの心構え

　異なるバックグラウンド、異なる考えを持ったこども同士が、1つのテーマについて話し合うのですから、こども哲学のファシリテーションは一筋縄ではいきません。こども哲学の最中は、ほんとうにいろいろなことが起こります。以下のようなことはこども哲学の場面ではよくあります。

・誰かと誰かの意見が食い違って気まずい雰囲気になる
・話の流れを追いきれずに、置いてきぼりにされてしまうこどもが出てくる
・たくさん意見のあるこどもだけが発言して、ほかのこどもが発言しにくくなる
など

　より詳しくは、付録3. 実践事例（101ページ参照）の「よくあるファシリテーターのお悩み」に、どういったものがあるかを年齢層別に記載しています。
　今何が起きているのかということをていねいにすくい取りながら、なるべく多くの参加者がリラックスしてその場にいられるよう、自由に考え、発言できるよう振る舞うのがファシリテーターの役目です。
　ファシリテーターは次のようなことを心構えとして意識するとよいでしょう。

・ゆっくり、ゆったり話し合う雰囲気をつくる。
・沈黙は大歓迎。ただし、考えることはあきらめない。
・どのような意見も問いに関係している限り尊重する。

・議論をある方向に持っていくのではなく、対話の流れについていく。
・論理の間違いを見つけたら、素早く質問で間違いを共有する。
・意見を言うよりも、質問することが大事。

・わかったふりをしない。
・参加者がわかっていない「わからない」を見つける。
・「わからない」は質問であぶり出せる。

　このページは、実際のイベントに挑む前に、ファシリテーターが最低限どういったことに気を付けるとよいかを確認したいときに開いてみてください。もしイベント中、プレッシャーを感じて緊張してしまったり焦ったりしたときに、この３つのポイントを思い出してみてください。

63

3 安心して話せる場をつくる

　安心して話せる場をつくることは、こどもが自由に発想し、話すためにはとても重要です。誰かの目を気にしたり、批判を恐れたりしていると、考えることも話すことも制限されてしまいます。こども哲学は、そういったことに左右されることなく、誠実に問いと向き合える時間であることが理想的です。

　ファシリテーターはまずは、こどもがリラックスして、ゆっくり、ゆったり対話ができる雰囲気づくりを心がけましょう。ファシリテーター自身がゆっくり時間をかけて話すことからはじめることをお勧めします。発言する人が、なかなか意見をまとめられずに焦っているようなときも「ゆっくりでいいですよ」と声をかけ、落ち着いて話せるまで全員で待ってみたり、1度全員で黙って考える時間を取ってみたりなど、明示的にゆっくり進めるための工夫をしてもよいでしょう。

　そしてできれば、安心して話せる場をつくることを、参加者全員が配慮できるようになることを目指しましょう。雰囲気づくりをする際に気を付けておくこととして、以下のようなポイントを参考にしてみてください。

聞いている人に配慮して話せているか
・言葉選びや口調、話すスピードに配慮できているか

・自分の話す内容が相手にどのような影響を与えるかに気付
　けているか
など

話している人に配慮して聞けているか

・しっかりと話を聞く姿勢を持てているか
・発言者の意図や、指摘しているポイントを理解して聞けて
　いるか
など

　すぐには難しいかもしれません。特に、１度きりのイベン
トなどではあまり難しく考える必要はありません。時間をか
けたり、複数回開催できたりするような場合であれば、徐々
に、参加者同士が互いをケアできるようになっていき、勇気
を出して発言すれば、この場では話したことが適切に理解さ
れる、という安心感がコミュニティに醸成されていきます。

　さらにここでは、ファシリテーター自身が陥りやすい４つ
の落とし穴についてご紹介します。これらは、経験も知識も
豊富なファシリテーターでも自ら陥りやすい落とし穴です。
こどもから突拍子もない意見が飛び出したとき、油断をする
とこれまでの自分の経験や知識によってそれらをコントロー

ルしようとしてしまうかもしれません。そうなってしまう
と、こどもの自由な考えも制限されてしまいます。どのよう
な意見でも問いに関わりのあることであれば尊重し、何か新
しい切り口を発見し、考えを深めるヒントなどがないか注意
深く探ってみることをお勧めします。そのようなときに限っ
て、想像もしていなかったような意外な議論の展開を見せる
ものです。

> 1. これまでの知識や経験にこだわりすぎる。
>   解決策：自己批判的になってみる。
>
> 2. 視野を限定してしまう。
>   解決策：いつもと違う視点を大切にする。
>
> 3. あわてて結論を出そうとする。
>   解決策：ちょっと立ち止まって、ゆっくり考える。
>
> 4. 焦点・ポイントを見失う。
>   解決策：何が問題かを確認して、参加者に対して明確
>   に示す。

（Robert Fisher『Teaching Thinking』参照）

4 3つの思考の迷い

　ファシリテーターを務めることに慣れてきたと思っても、気を付けていないと対話中にうっかり道に迷ってしまうことがあります。道に迷うときのパターンを3つ紹介します。

　これらは必ずしも、ファシリテーターが1人ですべてに気付いて指摘できる必要はありません。参加者みんなが道に迷った状態をそのままにしないように気を付けている状態を目指すことが大切です。

　そのためには、ファシリテーターであるあなたが、少しでも「おや？　何か変だな？」「よくわからないな」「ピンとこないな」と疑問に思ったときは、率先して立ち止まって、1つずつ確認しながら進むようにしましょう。

　ファシリテーターも含めて誰か1人でもよくわからないと感じたことを、ほかの参加者は全員きちんと理解できているなんてことはそうないものです。話を止めてしまうことを怖がらず、議論の道筋をみんなで追いかける癖をつけましょう。

1. 抽象的すぎる

　話題が概念や抽象的なことばかりに偏ってしまうと、こどもが論点やイメージをつかみきれなくなってしまうことがあります。またいかにも正しそうな意見でも、よくよく聞いていくと必ずしもすべてに当てはまるわけではないことがわか

ることもあります。こんなときは、具体例と反例が役に立ちます。まずは発言した人に具体例を聞いてみるようにしましょう。具体例は、身近なエピソードやみんながよく知っている情報などから心当たりのあるものを探してみるのがお勧めです。同じようにほかの人に反例がないかどうかも聞いてみるようにしましょう。抽象的なことも、身近な例に落とし込んで話をすると、より自分こととして興味を持って考えることができます。

具体的な例を尋ねる質問

テーマ「幸せってなに？」
「どんなときに幸せだと思う？」
「それはどんな感覚？」
「ほかに似ている気持ちになることはある？」
「あなたは幸せな人生を過ごしていると思う？」
「どうしてそう思う？」
「幸せな人生ってどんな人生？」
「反対に幸せじゃないって感じたことはある？」

> POINT
> ・抽象的な話に偏りすぎていないか？
> ・具体的なエピソードで説明できないか？
> ・いや待てよ、必ずしも当てはまらないのでは？

2. 意見がかみ合わない

　誰かの意見がいまいちピンとこない、しっくりこない、と感じたときは、意見や発言が前後でうまくかみ合っていない、ということがあります。ある発言が前の発言にとってどういう意味を持ったものなのかをよく考えながら聞きましょう。もしわからなかったら、発言した本人に「どうしてそう思ったの？」とその発言に至ったきっかけを聞いてみるのもよいでしょう。実は、本人も前後の関係性をはっきりとはわかっていないこともあります。反論だと思って発言したことが反論として有効になっていない、ということもありますし、思ってもみなかった視点で関係のある発言だったということがわかることもあります。ファシリテーターがサポートして、どういう関係性を持つ発言だったのかをていねいに明らかにしましょう。

かみ合っていない例

テーマ「ロボットは必要？」

A「ロボットは、人の生活を豊かにしてくれるから必要！」

B「美味しい食べ物も生活を豊かにする。ロボットはなくてもいいんじゃない？」

　発言Bは発言Aの反論のように見えて実は違います。つ

まり、「ロボットは生活を豊かにする」ということが間違っているということを導き出す発言ではありません。ロボットも美味しい食べ物もどちらも生活を豊かにするものとして成り立ちます（必要条件と十分条件という考え方が役に立ちます。113ページの『哲学の道具箱』参照）。ある発言に続くほかの発言がどのような意図でなされたものかは注意深く聞きましょう。

> **POINT**
> ・前の発言を援護した発言なのか
> ・前の発言への反論か、その反論は有効か
> ・前の発言には直接は関係しない、テーマ全体に対する新しい意見や問いを提案したのか

3. どこかに間違いがある

　誰もが説得されるようなもっともらしく聞こえる発言でも、実は間違っている、ということはありえます。間違っているパターンには大きく2つあります。「事実認識（内容）が間違っている」ときと「推論が間違っている」ときです。

事実認識（内容）が間違っている

　「サッカー日本代表は昨日試合に勝った。だから日本代表は強いチームだ」というような発言があったとします。もし

その発言が、ニュースを見間違えていたことによる勘違いで、実は日本代表は昨日の試合に負けていた、ということが明らかになったら、そのことが根拠となって主張されていた「だから日本代表は強いチームだ」ということも揺らいでしまいます。

推論が間違っている

推論が間違っているというのは、主張を導き出すための道筋、論理の展開が間違っているということです。「サッカー日本代表は昨日試合に勝った。だから日本代表は強いチームだ」という主張は一見すると賛同したくなりますが、例えばこう反論することもできます。「昨日試合に勝ったからといって強いチームだと言えるのか?」強いチームだと断言するためには、昨日の試合結果からだけではわからないではないか、という主張をするのです。

> **POINT**
> ・事実だと思っていることに誤りがないか?
> ・その情報はどうやって得たのか?
> ・論理の展開そのものに間違いがないか?

5 「わからない」を 見つける7つの質問

　「わからない」を見つけるためには、質問することが重要です。質問することに役に立つ道具はたくさんあります。ここでは、その中でもよく使う7つの質問について紹介します。

　ふだん私たちがよく知っている学校でのホームルームや会社での会議では、参加者がわからないことを質問したり問いを投げかけたりすると、「あの人はきちんとわかってないのかな？」「質問ばかりでは時間がもったいない」などと思われることを心配してしまい、なかなか質問できない空気が場を支配してしまうということがあります。しかし、こども哲学ではまったく違います。こども哲学では、時間内に答えを出すことや相手を説得することよりも、自分や誰かの「わからない」を見つけることや、新しい視点で問いを出すことの方が重要であると言われています。

　これからあげる質問を、こども哲学をするときに少し意識しておいて、疑問に思うことや、わからないことがあったら、どんどん使ってみてください。みんなで質問し合うこと、「わからない」を見つけることを楽しみましょう。

「〜ってどういう意味ですか？」「どういうときにこの言葉を使う？」

　相手が言っている特定の言葉や言っていることの意味がわからないときによく使います。例えば、誰かが「私には友達が500人いる」と言ったとします。ここで「友達という言葉はどんな意味で使っているの？」と聞いてみましょう。

　相手がこの対話において「友達」をどのように考えているのかを確認できます。もし相手が「SNSで友達になれば、友達だと思う」と答えたとしたら、かなり広い意味で「友達」という言葉を使っていることがわかります。

　「SNSで友達になるとはどういうことか？」や「直接会ったことがなくても友達と言えるのか？」など、さらにその定義を深めていくことができます。

２つめの質問：理由

「なぜそう思うの？」「そう思う理由はあるかな？」

　発言した内容の理由や根拠を聞く質問です。例えば、誰かが「ロボットは私たちの生活に絶対に必要だ」と言ったとします。ここで、「なぜそう思うの？」と聞いてみましょう。相手がこの対話においてロボットが必要だと考えている理由を確認できます。相手は「ロボットは、私たちの生活を豊かにすることができるからだ」と答えたとします。ここから相手が、生活を豊かにすることは必要なことで、それを生み出すロボットもまた必要なものだと考えていることが想像できます。さらにそもそも「豊か」であるとはどういうことか、ロボットが生活を豊かにするとはどういうことか、などについて深めていくことができるでしょう。

３つめの質問：証拠

「例えば？」「そう言える証拠となるものはある？」「何か具体例は思いつく？」

　発言の内容を裏付ける証拠を聞き出す質問です。例えば、「ロボットは私たちの生活を豊かにする」という主張に対して、「何か具体例はある？」と聞いてみることができます。相手は「お掃除ロボット」や「ペット型ロボット」を例にあげたとします。「お掃除ロボットは、家事の手間を減らし、部

屋を綺麗にする」「ペット型ロボットは心を癒してくれる」などといった具体例が持ち出されると、ほかの参加者が発言の内容を直感的にイメージしやすくなります。このように具体例は主張が正しいということを支える証拠になります。

「それってほんとう？」「どうやったらそれがほんとうだと言えると思う？」

　発言の内容に間違いはないか、事実と合っているか、ということを確かめるための質問です。例えば、誰かが「うちの庭でおばけを見たことがある。だからおばけは存在する」と言ったとしましょう。「それはほんとう？　見間違いということはない？」と聞いてみましょう。もしかすると「おばけは存在する」という発言の根拠となっている「おばけを見た」ということが、間違いや思い込みであるという可能性があります。木の影を見ておばけと勘違いしたかもしれませんし、そもそもが夢で、実際はおばけを見たわけではないかもしれません。もし根拠となること自体に間違いがあれば、それによって成り立っていた「おばけは存在する」という主張自体も弱まってしまいます。

「いつでもそうかな？」「それはいつも当てはまることかな？」「当てはまらない例（反例）はないかな？」

　発言した内容が、あらゆる場合でも成り立つような強い主張かどうかを確認する質問です。このあらゆる場合でも成り立つことを「一般的」であるとか「普遍的」であると言います。例えば、誰かが「幸せとは満足していることである」と言ったとします。ここでほかの参加者に「当てはまらない例はあるかな？」と聞いてみましょう。アイスクリームを大好きな人が毎日アイスクリームを食べれば、その人は毎日「満足だ」と思うかもしれませんが、一方で甘いものの摂り過ぎで病気や虫歯になってしまうかもしれません。不健康な状態は幸せと言えるでしょうか。満足していても幸せではない例をあげられれば、はじめの「幸せとは満足していることである」という主張が、いつでも当てはまる一般的な主張ではないことになります。

6つめの質問：前提

「この意見の根っこにはどんな考えがある？」「その考えに何か前提となっていることはないかな？」「どうやってその考えにたどり着いたの？」

　発言の内容が成り立つための前提となっている別の主張が

ないかを聞く質問です。例えば「普通とは何か？」という問いで話し合っているときに、誰かが「普通じゃないと言われると嫌な気持ちになるのはなぜだろう？」という疑問について発言したとします。

　これについて、共感する人がいるか、どうして嫌な気持ちになるのか、その根っこには何か前提となっている考えがあるのではないか、などについて吟味していきます。

　するとその前提には「普通であることが良いこと、普通でないことが悪いこと」といった思い込みがあるということが浮かび上がってくるかもしれません。そこから今度は、そもそも「普通」であることに良い悪いがあるのかなど、「普通」の意味についてより考えていくことができます。

７つめの質問：含意

「もしそうだと、どうなるかな？」「そういうふうに考えたとすると、最後はどうなるだろう？」

　ある主張が一般的に正しいとすれば、そこからさらに導き出される別の主張があるのではないか、ということを確かめる質問です。

　例えば「仕事とは何か？」という問いについて、「何かを成し終えた報酬としてお金をもらえることが仕事だ」という意見があったとします。これは一見すると納得できる主張です。ただこれが一般的に正しい主張だとすると、どのような行為でも報酬にお金をもらえるのであれば、それを仕事と呼べるということになってしまいます。

　つまり、盗んだ宝石を売ってお金をもらうような犯罪でも、仕事と呼べるということになってしまいます。これはほんとうに正しい主張でしょうか？

　仕事と呼べる行ないにはいくつか条件があるかもしれません。はじめの主張をもう少し吟味してみる必要がありそうです。

6 ファシリテーターの
6つの技法

　思考の迷いに陥りそう、と思ったときには、以下のような6つの技法を使うこともお勧めです。それぞれ使うケースと詳しい使い方について紹介します。

1. 思考タイムづくり
使うケース：議論が停滞してきたときや、答えを出すことを急いでしまうとき
2. まとめてもらう
使うケース：話題が複雑でわかりにくいときや、問いを見失ってしまったとき
3. 全員に回答してもらう
使うケース：賛成か反対か立場を明確にしたいときや、広く具体例を集めたいとき
4. 追いかけ質問をする
使うケース：発言者の意図をほかの人にもわかりやすくしたいとき
5. あえて弁護論・あえて反対論
使うケース：参加者の意見が偏っているときや、参加者から反対意見が出にくいとき
6. 代案を提案してもらう
使うケース：参加者の意見が偏っているときや、決まりかけた結論をもう少し疑ってみたいとき

ここからは、１つひとつの技法について詳しく説明していきます。

　ここであげる技法は、全部を必ず取り入れたり、全部を正しく使いこなさなければならないというものではありません。ファシリテーターが進行中、何か困ったことがあったタイミングで、ちょうどよく使えそうなものがあれば、難しく考えず気軽に試してみてください。何度か試していくうちに、どういうときにどれが有効に働くか、逆に有効ではないかという感覚がつかめてくるはずです。

1. 思考タイムづくり

　質問やコメントの後に数十秒から数分の時間を取る方法です。

　例えば、対話のはじめに、または対話の途中で話題の切り口を変更したいときなどに、一度参加者に自分の考えを整理してもらうのに有効です。「では２〜３分時間を取るので、みんな少し考えてみよう」「面白い意見が出ましたね。みんなこの意見についてはどう思う？　それじゃあ少し時間を取るので、この意見についてゆっくり考えてみよう」などと宣言して時間を取ります。思考タイムが終わったら、改めて問いについての意見を募ります。

2. まとめてもらう

誰かに要約を頼む方法です。前後の発言が入り組んでいたり、ある参加者の発言が難しかったり、長かったりした際に有効です。ほかにも、しばらく議論が進んだ後に改めてどのような道筋をたどってきたのかを参加者と一緒に振り返るときにも使えます。

例えば「誰か今の話の流れをもう1度まとめてみてくれませんか？」と言って、ほかの参加者に話をまとめてもらいます。もし自分がまとめられそうなときは「ここまでの話はこういう話でしたね」と自分でまとめてもいいでしょう。まとめた後には、「〜というふうに考えていると思ったんだけど、この説明の仕方で合っているかな？」「間違っているところがあったらどこが違っているか教えてほしいな」などと確認するとより確実です。

3. 全員に回答してもらう

複数の対立する立場が出たときに参加者がどの立場をとっているか確認したい場合や、全員の意見を聞いてみたい場合などに有効です。問いについて、広く具体的なエピソードを集めるときにも有効です。

例えば「問いについて、賛成か反対か答えてください」などという質問をして、全員に順番に答えてもらうか、挙手を

してもらいます。または「幸せと思うときはどんなときですか？ 私のとなりの人から時計回りに1人ずつ話してみよう」などの具体例を求める質問に順番に答えてもらいます。スキップしてもOKというルールにすると無理に答えなくてもよいので安心です。

4. 追いかけ質問をする

　誰かの発言をもう少し詳しく聞いて、ほかの人にもわかりやすく共有したいと思ったときに使います。また発言者の意図が自分には分からなかった、ほかの参加者もわからないだろうと思ったときにも有効です。

　例えば、「もうちょっとゆっくり、詳しく説明してもらってもいいかな」「ここはなんでそう思ったのか教えてもらえる？」「〜というふうに話していたと思ったけどあっているかな？」など、発言に対して追いかけて質問をする方法です。CHAPTER 3の「5「わからない」を見つける7つの質問」（72ページ）が役に立ちます。

5. あえて弁護論・あえて反対論

　対話が1つの意見や方向性にまとまってしまいそうになったときや、ほかに反対意見が出なさそうなときに、ファシリテーターがあえて誰かの意見に賛成して弁護をしたり、誰か

の意見に反対して、反論や反例を出してみる方法です。

　例えば、「勉強は必要？」というテーマで話しているときに「勉強は生きていく上で、大事だからやった方がいい」という意見がまとまりそうになったときに、ファシリテーターがあえて「僕が勉強をしたくない人の気持ちになって考えてみるね」と言って「勉強はしなくてもよい」という立場に立つこともできます。「勉強より大事なものがある」「勉強しなくても手に職をつければよい」というような具体的な意見を言ってみるとよいでしょう。停滞していた議論が動き出して、新しい意見や発見が出てくるかもしれません。

６．代案を提案してもらう

　ある意見や立場に対して、代わりとなる意見や考え、アイディアを求める方法です。参加者の意見が偏っていて、結論が決まりかけているときに、ほんとうにその答えでよいのか、もう少し疑ってみたいときに使います。ほかにも、実は自分なりの意見を持っていたのになかなか発言するきっかけを得られなかった参加者が話しやすくなるという効果もあります。

　例えば、「今の考えに全員納得かな？　ほかの考えはないかな？」「別の考えを持っている人の意見が聞きたいです」などと投げかけてみるとよいでしょう。

7 ファシリテーターの振り返り

　ファシリテーターや運営者はイベントが終わったあとに自分でも振り返りをしてみることをお勧めします。今後のファシリテーションの役に立つポイントがどこなのかが、より明確になるでしょう。振り返りの方法はいろいろあります。以下のようなことを参考にしてみて下さい。

・ファシリテーターの心構えを意識できたか思い出してみる
・議論がどういう道筋をたどったのか書き出してみる
・その都度、どういうことを感じたか、何がわからなかったのかを書き出してみる
・誰の発言が面白かったかを書き出してみる
・今日の問いについてほかに考えられることがなかったか、もう1度考えてみる

　参加者の了承を得て、対話を録音しておくと、改めて議論の内容を振り返るのにとても役に立つでしょう。後日、録音を聞きながら、どのような意見が出たのかを書き出し、さらにそれぞれの意見の関係についてメモしていくと、その日話し合ったことの全体像を把握する練習になります。ただし、これはとても時間がかかる作業なので、はじめはファシリテーションをしながら、気になった意見をメモしておき、後で覚えている限りで振り返りをするのがよいでしょう。意

見同士の関係をメモするときは、それぞれの意見が似ているのか、それとも似ていないのか、ある意見への賛成意見なのか、それとも反論なのか、などのポイントをまとめていくとよいでしょう。その場ではかみ合っていたように感じた対話が実はかみ合っていなかったということや、どの意見が対話のなかに新しい視点を加えていたのかなど、わかっていたつもりでも実は関係性が明確になっていなかったことが整理されてくるでしょう。

　複数のスタッフで振り返りをするようなときは、単純にその問いについて再度、短い対話をしてみるのもよいでしょう。本編である程度対話をした後に、対話に慣れている人同士で再度同じテーマについて考えてみることで、よりするどい意見や新しい視点を得られることがあります。

　ほかにももっと短時間で振り返れる方法として、ファシリテーターのチェックシートをつくってみてもよいでしょう。事前にその日、自分が気を付けたいポイントをチェック項目としてあげて、シートにしておきます。対話の直後、まだ記憶が新しいうちに、うまくできていたか、難しかった点はないか、改善するとしたらどのようなことができるのか、などを書き込みます。次のページに例を載せておきますので、自由にカスタマイズして使ってみてください。

セルフチェックシート

※対話に参加してみてどう感じたか、気が付いたことを書き出してみましょう。

チェックポイント	記入欄
●安心して話せる場をつくる	
対話のなかで攻撃的な発言や態度がなかったか？	
ほかの参加者の発言を注意深く聞くことができたか？	
●道に迷わないようにする	
抽象的すぎると感じたところがあったか？	
意見がかみ合わないと感じたところがあったか？	
間違っているのではと感じたところがあったか？	
●「わからない」を見つける	
「わからない」と感じるシーンはあったか？	
「わからない」ことについて発言・指摘できたか？	
●そのほか（難しかったこと・気付きなど）	

付録

初回のための台本づくり

　　いざはじめようと思っても、イベント開催当日になったら緊張してしまって参加者を前にするとなかなか言葉が出てこないものです。事前に簡単なメモでもよいので、自分なりの台本を用意するとよいでしょう。

　　ここでは、イベントの進行のなかで、よくファシリテーターや運営者が話す項目をいくつか用意してみました。ただし、実際の場面では、そのイベントの目的や参加者、話し合うテーマなどに応じてアレンジする必要があります。ここに書いてあることを参考に、よりイベントに合った内容につくり直しましょう。

対話の開き方

● 開始時間の5分前

「あと5分ではじめますよ。好きなところに座って待っていてください」

　　イベントの受付などが終わり、本編の開始時間が近づいたら参加者にアナウンスしましょう。開始時間の直前は、トイレに行っている人や、上着を脱いでコート掛けにかけている人、遊びはじめているこどもなど、まだ準備の整っていない人がたくさんいるはずです。急かすわけではなく、声をかけて伝えながら徐々に人が集まって席につくことを待ちましょう。焦らなくともだいじょうぶです。

連続回の初回や単発でのイベントなどの場合は、ふだんは知り合いではないこどもたちが集まることも多く、この時点で緊張が見られるかもしれません。声をかけてあげたり、すでに集まっているこどもと簡単なゲームなどをして、軽いアイスブレイクをはじめてしまうのもよいでしょう。

● 会場の注意事項を伝えましょう
全員がそろったら、以下のようなことを伝えておくとよいでしょう。
　　・トイレの場所
　　・荷物置き場、貴重品の取り扱い
　　・何か困ったことがあったときに誰に声をかけたらよいか
　　・写真撮影をする場合は了承を得る

　保護者や付き添いのおとながいる場合は、できるだけ対話中は別の部屋などにいてもらえるよう案内し、事前に終了時間を伝えましょう。こどもは知っているおとなが近くで見ているというだけでもプレッシャーになり、思ったとおり話せなくなることがあります。もしファシリテーターが複数いる場合は、おとなだけでこどもと同じテーマで対話をすることもお勧めです。

● 開始時間になったら

「時間になりました。それでははじめましょう」

　イベントの開始を宣言しましょう。何かこれから新しいこと、いつもと違うことがはじまるかもしれないというワクワク感をみんなで共有しましょう。

● 自己紹介をしましょう

「今日、ファシリテーターを務める〇〇です。どうぞよろしくお願いします」

　簡単でかまわないので、いろいろな話をはじめる前に自己紹介をしましょう。参加者に親しんでもらったり、覚えてもらえるきっかけにもなります。ファシリテーター以外にもスタッフがいる場合は、全員が簡単な自己紹介をしてもよいです。

● 会の趣旨を伝えましょう

「お集まりいただきありがとうございます。今日私（たち）がなぜこの会を開いたかというと〜」「こども哲学というのは〜のことです」

　みんなの意識が向いたところで、この会の趣旨を伝えましょう。

　以下のようなことを、なるべく簡潔に一言ずつで伝えま

しょう。この会がどのような場なのかをはじめに知っておく
ことは、参加者の安心にもつながります。ただし、ここが長
くなってしまうと、集中力が途切れてしまうので注意しなが
ら話しましょう。

　　・この会を実施するに至った簡単な経緯
　　・どのようなことをするのか
　　・この会を経て何を持ち帰ってほしいのか

● 対話の進め方（ルール）について伝えましょう
「対話をはじめる前に少しだけ、今日の進め方や気を付けて
ほしいことについて紹介します」
　簡単なルールをつくっておいて、ファシリテーターがそれ
を読み上げてから対話をスタートすることがよくあります。
以下に例をあげておきます。これを参考に自分なりのルール
をつくってみることもお勧めです。あなたがファシリテー
ターをする場所にどのようなルールが一番フィットするのか
模索していってください。

対話のルールの例
・誰かが話しているときは聞こう
・考えている人がいるときは待とう
・周りを気にしすぎず思ったことを言おう

・誰かがいやがることを言わない / しないようにしよう
・意見をたくさん言うことよりも考えることが大事
・途中で意見を変えても OK

発言のルールの例
・コミュニティボールをつかう
・発言するときは挙手をする
・特にルールを設けない

対話の閉じ方

● 終了の時間がきたことを伝えましょう
「そろそろ終了の時間ですが、最後に言い残したことはないですか？」

　あらかじめ決められていた終了時刻にさしかかったら、終了が迫ってきていることを伝えましょう。

　残り時間から目算して、「あと1つ、2つの意見なら聞けます。これだけは絶対に言いたい、ということがある人はいますか？」など、なるべくみんなに共有したい意見のある人を優先して最後に発言してもらうこともできます。もしくは時間で区切り、最後の発言が終わったら終了としてもよいでしょう。振り返りの時間が取れるようであれば、言い残したことなどはそこで話すように促してもよいでしょう。

● 締めのことば

「時間になりましたので、本日はここまでにします」

　対話の最後は必ずと言っていいほど、モヤモヤが残ります。こども哲学では、時間内に全員がすっきりするような答えが見つかるわけではないからです。そのモヤモヤをどう扱ってよいか、ファシリテーターからアドバイスをしましょう。

　「この時間だけではきれいな答えは自分のなかで整理しきれなかった人も多いかと思います。わからないことや気になることが増えて、むしろモヤモヤしている人もいるかもしれません。でも、こども哲学ではそのモヤモヤが一番のお土産です。ぜひそれを持ち帰って、自分でも考えてみたり、家族や身近な人と対話を続けてみてください」

● 連絡事項がある場合は忘れずに伝えましょう

「最後にお願いですが、お帰りの際には忘れ物がないように気を付けてください」

　事務的なお知らせは忘れずに伝えましょう

　・忘れ物について

　・会場の撤収時間について

　・（カフェなどであれば）飲み物代の精算について

　・次回までの宿題やお願いごと　────など

付録 2.
とあるファシリテーターの
お悩み

　ファシリテーターには悩みはつきものです。ここでは、
ファシリテーター経験者のある日のエピソードを聞きながら、
実際にファシリテーターをする人がふだんどのようなことを
考えたり悩んだりしているのかを少しのぞいてみましょう。

ファシリテーター：
学校の先生をしながら、地域のこどもに向けてこども哲学の
イベントを定期開催している。知人からの紹介で知ったこど
も哲学を自分でもやってみたいと思い、イベントを開催する
ことを決心した。イベントをはじめて 3 回め。そろそろいろ
んな悩みを抱えはじめている。

参加年齢：小学校高学年。
参加人数：8 人。

開催方法：地域のこどもたちを集めて公民館で開催。月に1度の開催。

内容：今回のテーマは「学校」。問いはその場で出し合う。1時間半で、問い決めから探求まで実施する。

イベントの朝

さあ、今日はこれから地元の公民館で開くこども哲学のイベントの3回め。前回までに続いて小学校高学年のこどもたち8人が来てくれることになっている。今日話すテーマは「学校」。大きなテーマは毎回事前に僕が決めておいて、具体的な問いはその場でみんなで出し合って決めることにしている。

今日の目標は、少しハードルが高いけれど、こどもたちにほかの人の意見について質問することに慣れてもらうこと。アーダコーダの講座で聞いた7つの質問を参考にして、昨日の夜自分で手づくりした質問カードを使ってみる。

カードは4枚だけ。「理由：なんでそう思うの？」「意味：もう少し詳しく意味を教えてもらえないかな？」「証拠：例えば？」「反対の意見：そうじゃない場合もあるんじゃないかな？　例えば〜」と書いた小さいカードを用意した。これを、対話をはじめる前に全員に配って、カードを使いたく

なったら、自分が話す番じゃなくても話していいよ、と伝えてみる。これならゲーム感覚で質問ができそう。さて、どうなることやら。でもやっぱりまずは自分自身が楽しむことが大事。硬くならないようにリラックスして挑もう。

今日の目標：こどもたちに、質問することに慣れてもらう。

その日の終わり

　いやー、今日も疲れたけど、なんだかんだで楽しかった。たくさん考えたし、想定外のこともあって焦る場面もあった。今日あったことを忘れないように、少しだけ振り返っておこう。

　はじめはテーマについて問いを出し合って、多数決を取った。最後は「先生たちは家でも先生なのか」が選ばれた。事前にいくつか想定していたものとはまったく違うし、自分ではぜったいに思いつかない。どう対話が進んでいくのか想像がつかないファシリテーター泣かせの問いだ。でも、こういう問いが出てくる瞬間に立ち会えるから、ファシリテーターはやめられないんだよなあ。

ユキ

いつもはほとんど黙っていて、発言が少ない。でも表情を見ていると話したいことはありそう。

サトル

自分の意見を言うのが大好き。1度話し出すと止まらない。もう少しゆっくり考えたらもっと違った意見が出てくるかも。

タカシ

人の意見をちゃかしたりふざけたりしがち。でもそのなかに意外な面白い意見が混ざっていることも。

選ばれた問い：「先生は家でも先生なのか」
集まったそのほかの問い：
「なんで学校で遊んじゃいけないのか」
「学校には毎日行かないとだめなの？」
「成績がいいことと頭がいいことは同じなのか」
「運動会って必要なの？」

ファシリテーター：「先生って学校の門をくぐった瞬間に先生になるのかな？」

タカシ：「家に帰ったらもう先生じゃなくなるってこと？」

サトル：「そんなことない。先生はいつだって先生だよ」

タカシ：「先生って仕事だよね。ずっと先生ってことは、ずっと仕事してるってこと？」

ユキ：（それまで黙っていたのに「反対の意見」のカードを出して）「そうじゃない場合もあると思う。例えば自分のお母さんが別の学校の先生だったら、おうちにいるときは、私にとっては先生じゃなくてお母さんだもん」

ファシリテーター：「なるほどね。"誰かにとって"という言葉がつくと、変わってくるものなのかな？　今の意見についてみんなはどう思う？　みんなのお父さんやお母さんは、家にいるときもいないときもずっと仕事してる？　ずっと先生だったり会社員だったりする？」

タカシ：「うちのお父さんは家にいるときはテレビを見てダラダラしてるよ。先生も家にいるときはダラダラしてるんじゃない？」

サトル：「でも先生はお休みの日でも夜でも何かあったら先生として仕事をしないといけないんだよ！」

みんな：（質問カードを使って）「（証拠）何かあったらって何？」

「（反対の意見）お父さんやお母さんも、お休みの日や夜も会

社員で、仕事をしなくちゃいけないの？　そんなの変だよ」
「(理由) 先生だけなんで特別なの？」
サトル：(はじめのうちは間髪を入れずに答えていたけれど、質問の勢いに少し沈黙)
ファシリテーター：(少し見守ろう)
サトル：(ゆっくり話しはじめて)「やっぱり先生は特別。だって僕たち生徒が困っていたら先生はきっとお休みだろうと来てくれるし、先生ってそういう仕事だから」
みんな：(しばらく沈黙)
ファシリテーター：「じゃあ、みんなはどうなのかな？　学校にいるときもいないときも〇〇小学校の生徒？」
みんな：(しばらく沈黙)
タカシ：「１人で集中してゲームしているときはそんなこと忘れてるよ。ずっと永遠になんて無理！」

　　いろんな方向に話が進んでいってワクワクした。結局、いつもどおりはっきりした答えなんて出なかった。でも、先生だって普通の人だし、家に帰れば誰かの親だったり、漫画を読んでぐうたらと休日を過ごしたりするんだっていう、当たり前だけどなかなか気付きにくいことに目を向けてくれたように思う。

目標の「こどもたちに、質問することに慣れてもらう」は
チャレンジしてみたけどやっぱり難しかった。こどもたち
は、カードを使うのがうれしいみたいで、どんどん使おうと
するけれど、質問がたくさん出すぎて、さばききれなくなっ
てしまったのは反省だ。

　それでも、いつもはあまり話さない子が、自分の意見を
しっかりと話してくれたり、ふだん自分の意見をたくさん話
したがる子が、質問カードを使って詰め寄られて、ぐっと考
え込みながら意見を言ってくれた。それにはジーンとしてし
まった。それぞれの発言についてもっと詳しく聞いてみた
かったけれど、時間切れだった。今度はもっとうまく質問を
整理して、問いを深めることに時間を使いたいな。

　いかがだったでしょうか。何度かファシリテーターを経験
している人でも、悩みは尽きないようです。

実践事例

　ここでは、アーダコーダのメンバーやアーダコーダと関わりのある方が、これまで行なってきた活動のなかで、みなさんの参考になりそうな実践事例をご紹介します。未就学児の場合、小学生の場合、中高生の場合に分けて、それぞれの年齢に応じた特徴や、開催イベントの例、よくあるお悩み、お悩みから分かる対話のポイントなどについて触れています。ファシリテーターが実践を通して難しいと感じた点や、そのときどのような工夫をしたかということも書いています。こども哲学を実践するなかで起こるいろいろな出来事を想像するきっかけになればと思います。

注意事項

　この実践の例はアーダコーダに関わるメンバーの過去の経験をまとめたものです。ここに書いてあるルールや事例のとおりに実践することをお勧めするものではありません。このとおりに行なえば必ず成功するというマニュアルでもありません。

　成功事例やどのような難しさがあるのかを参考にしていただきながら、みなさんが実際にこども哲学を開催する際のヒントになればと思います。この事例を参考にぜひ自分でもいろいろと工夫をしてみてください。

未就学児の場合

未就学児の特徴

・長い間座ってこども同士で話をする、ということ自体慣れない年齢。
・まずはこどもたちが話の内容を理解し、最後まで参加できることを目標にする。
・遊びを取り入れながら進める。

開催例

参加年齢：3歳（幼稚園年少学級相当）から6歳
参加人数：3〜10人（回によって変動）
開催方法：こども哲学イベントを定期開催
対話時間：20〜60分（テーマやこどものその日の集中力などによって柔軟に）
内容：りんご、ペット、何に見えるかな（身近なものを使って）、王様になれるのか（絵本を導入に）など、こどもの興味に応じてテーマ設定をする。開催場所も室内に限らず、屋外（自然のなか）で遊びや体験を交えながらこども哲学に触れる。

よくあるファシリテーターのお悩み

・お悩み1：走り回る、親のそばを離れない
慣れていないこどもはそもそも対話に参加してくれない、ということも。無理にその場にいるよう伝えるより、はじめか

ら遊びを織り交ぜたテーマにするなど自然に楽しめる環境づくりをこころがけることがお勧めです。まわりが楽しそうにしていれば、親のそばから離れなかったこどもも、場に慣れたころに徐々に参加してくれることもあります。

・お悩み2：参加者に友達がいる子とそうでない子がいる
３人のうち２人はもともと知り合いで、それ以外の初参加のこども１人が疎外感を抱き、対話の進行中にちょっかいを出して、そのまま取っ組み合いがはじまってしまった。

・お悩み3：参加者に兄弟がいて兄弟げんかがはじまる
対話に参加しているうちの２人は兄弟。参加する前に兄弟げんかをしており、対話がはじまる前から不穏なムード。いざ対話がはじまっても、弟がちょっかいを出してけんかになり、そこに親が介入して、対話が中断してしまった。

> 事例からわかる、未就学児との対話のポイント

1. 対話の前に、安心できる人間関係が重要。
2. 発達段階の違い、語彙数による差が大きい。
3. 対話の６つのルールを守ること自体が大きな目標。
4. 問いが生まれやすく、基本的に楽しめる時間になる。

小学生の場合

小学生の特徴

・座って参加することはできるようになる。
・安心して対話できる場づくりに気を付ければ十分対話がうまれる。

開催例1

参加年齢：小学3〜6年生
参加人数：20人程度
開催方法：都内文化施設を会場とするこども哲学教室として、月に1回程度有料で開催。
対話時間：各回60分×6回
内容：コミュニティボールづくり、絵本を読んでからの対話、こどもたち自身に問いを自由に考えてもらうもの、落語家をゲストに招き、落語を聞いてからの対話、保護者も参加しての親子対話など。

開催例2

参加年齢：小学校5、6年生
参加人数：1学級30人程度
テーマ：各回総合学習での取り組みと対応させたテーマや問いを選択
開催方法：外部ファシリテーターとして学校に出張し、こど

も哲学の授業をオーガナイズ

対話時間：50分×数回

内容：クラスを３つのグループに分けてそれぞれファシリテーターが入って対話。毎回の振り返り用紙に、感想や次回考えたいテーマを記入してもらう。

よくあるファシリテーターのお悩み

・お悩み1：こどもたちが話さない・発言がない

小学生くらいになると走り回るというようなことはなくなり、基本的には参加してくれるようになりますが、まだこども哲学に馴染みのない場合などは、こどもたちがなかなか話しはじめないということがよく起こります。

ただ、こども哲学では「話さない」こと自体は問題ではないので、「どうして話してくれないんだろう」と心配する必要はありません。じっくり考えること、考えているこどもたちを待ってあげることを大事にしてください。

・お悩み2：こどもが飽きてきた

時間がたってくると、最初興味を持って参加していたこどもでも集中力が切れてくることがあります。飽きるほど長い時間対話を続けるよりも、もう少し時間が欲しかったなぁと思うくらいで止めておくことが、その後の日常生活に問いを持

ち込むきっかけになります。

・お悩み3：一部の子への攻撃的な態度がある

学校に出張でイベント参加するなど、クラスの人間関係がそのまま対話のなかに持ち込まれるケースでは、まれに一部の生徒に対するいたずらな発言や態度が見られることもあります。ファシリテーターの役割において、もっとも重要なことは「安全に話せる場をつくる」なので、まずは対話のルールのなかにある「誰かがいやがることを言わない／しないようにしよう」という原則を守ることを大切にします。原則が守れないときは、場合によっては、その発言がルールに反することを、発言した本人にはっきりと伝えることも必要です。

事例からわかる小学生とのこども哲学のポイント

1. 未就学児よりは、初対面でも意見が出やすい。
2. 話の得意な子ほど意見を変えることが難しい。
3. 知っている知識を披露して満足しそうになる。
4. 学校での慣れもあってか、ルールを守りやすい。
5. 何も言わなくてもいい、と言われると意見を言いやすい。

中高生の場合

・深める、ということや自主的に実施するということも期待
　できる。
・ワークシートを使ったり、こども自身でテーマややり方を
　提案したりと、いろいろできることが増える。

開催例

参加年齢：中学1〜3年生
参加人数：30人程度
開催方法：私立校の道徳の授業内での実施。担任と外部ファ
シリテーターのチームティーチング
対話時間：各回50分×年間10回程度
内容：生徒の考えたいことをテーマとして採用。映像、絵本
などの素材を使った対話、シートに記入する文章上での対話
なども実施（サイレントダイアローグ※）。熟練した学年では、自
分たちで問い、進行役、対話の方法を考える自主的な対話も
実施。論理的な力を養うためのワークシートを扱う。

よくあるファシリテーターのお悩み

・お悩み1：対話への参加度が低く、教室に緊張感がある
「時間が過ぎるのを待っている生徒」「考えてはいるが話すの
が恥ずかしい生徒」「隣の子とコソコソ話すが公には発言し

ない生徒」などがいて、全体の発言数が少なく、教室に緊張感が生まれることがあります。こども哲学は活発に発言することが目的ではないので、それ自体は問題ないのですが、必要以上に緊張感が生まれてしまうと安心して発言できる場ではなくなってしまうので、注意が必要です。

・お悩み2：生徒同士で「問い合う」ことをしない

生徒が受け身になってしまい、ファシリテーターが声をかけると答えるが、参加者同士でお互いの発言について質問したり、意見を言ったりというような「問い合う」ことがなかなか起こらないことがあります。

・お悩み3：生徒がファシリテーターになったが進められない

こども哲学に熟練して、こどもたちだけでファシリテーターを行なう場合のお悩み。いくつかの小グループに分け、生徒にファシリテーターをしてもらいます。そのとき、ファシリテーター役の生徒が、どうしたらいいかわからず、雑談タイムに突入してしまうことがあります。

事例からわかる中高生とのこども哲学のポイント

1. 教室の雰囲気によっては意見が出づらいことも。
2. 安心した場をつくるためにもルールの徹底を。
3. こどもたちが考えたくなるような素材を用意する。
4. 対面して話すだけでなく、ワークシートへの意見・感想の記入など書くこともときどき取り入れる。
5. 発言することではなく、考えることが目的であることを忘れずに、いろいろな工夫を。

※サイレントダイアローグとは？
シートを使って紙面上で対話を行なう方法。教室など、すでに友人同士や顔見知りのコミュニティで対話をする際、場に緊張感があってなかなか発言が出なかったり、コソコソ話やおしゃべりをしてしまって対話に集中できないことがあります。そのようなときに、声に出さなくともシートに記入することにより、緊張感なく対話を楽しんでもらうことができます。はじめに、以下の1〜4の記入欄を設けた1枚のシートを配布。1を記入したらシートを回収、シャッフルしてまた配ります。2を記入したら再度シートをシャッフル、3〜4も同様に繰り返します。記名欄を設けて、あとから発表してもらうことも、無記名にしてより記入の障壁を低くすることもできます。

1. 自分の考え
2. 反論 / 疑問
3. 1、2を読んで考えたこと
4. 全体を読んでの感想

参考書籍・情報

こども哲学について説明された本

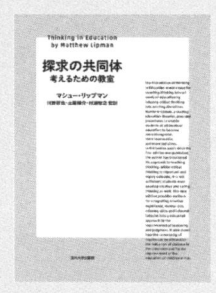

- マシュー・リップマン著、河野哲也 / 土屋陽介 / 村瀬智之監訳『探求の共同体：考えるための教室』玉川大学出版部、2014年
- Robert Fisher 著『Teaching Thinking: Philosophical Enquiry in the Classroom 4th Edition』Bloomsbury Academic、2013年
- 河野哲也著『「こども哲学」で対話力と思考力を育てる』河出書房新社 、2014年
- 梶谷真司著『考えるとはどういうことか　0歳から100歳までの哲学入門』幻冬舎新書、2018年
- 川辺洋平著『自信をもてる子が育つ こども哲学―"考える力"を自然に引き出す』ワニブックス、2018年
- 高橋綾・本間直樹著 鷲田清一監修『こどものてつがく―ケアと幸せのための対話』大阪大学出版会、2018年
- 土屋陽介著『僕らの世界を作りかえる哲学の授業』青春出版社、2019年

今すぐ使える素材集

「こども哲学」シリーズ
オスカー・ブルニフィエ文、西宮かおり訳、重松清日本版監修、朝日出版社
- 『よいこととわるいことって、なに？』2006年

・『きもちって、なに？』2006年
・『いっしょにいきるって、なに？』2006年
・『知るって、なに？』2007年
・『しあわせってなに』2019年
・『美と芸術って、なに？』2019年
・『暴力って、なに？』2019年　など

『対話ではじめるこどもの哲学 —— 道徳ってなに？』シリーズ全4巻
①「自分のぎもん」2019年
②「家族・友だちのぎもん」2019年
③「社会のぎもん」2019年
④「命・自然のぎもん」2019年

絵 本

・アーノルド・ローベル著、三木卓訳『ふたりはいつも』文化
　出版局、1977年
・シェル・シルヴァスタイン著、村上春樹訳『おおきな木』あ
　すなろ書房、2010年
・ニコライ・ポポフ著『なぜ あらそうの？』BL出版、2000年
・レオ＝レオニ作、谷川俊太郎訳『ペツェッティーノ—じぶん
　をみつけたぶぶんひんのはなし』好学社、1978年

・トミー＝アンゲラー作、今江祥智訳、『すてきな三にんぐみ』

偕成社、1969年
・槇ひろし作『くいしんぼうのあおむしくん』福音館書店、2000年
・松見秀作・絵『ほんとうだよ』福音館書店、2006年

対話篇（伝統的な哲学の学習）
・シャロン・ケイ / ポール・トムソン著、河野哲也監訳『中学生からの対話する哲学教室』玉川大学出版部、2012年

映画
・マイケル・マドセン監督『100,000年後の安全』2010年
・山下久仁明脚本、福田是久監督『ぼくはうみがみたくなりました』2009年
・アンドリュー・ニコル監督『ガタカ』1997年

漫画
・藤子・F・不二雄著『ミノタウロスの皿』小学館、1995年

アニメ
吉浦康裕監督『イヴの時間』2008年

テレビ番組
道徳 ココロ部！（Eテレ）

https://www.nhk.or.jp/doutoku/kokorobu/
Q〜こどものための哲学（Eテレ）
https://www.nhk.or.jp/sougou/q/

そのほか参考文献

- 河野哲也 / 土屋陽介 / 村瀬智之 / 神戸和佳子著『子どもの哲学—考えることをはじめた君へ』毎日新聞出版、2015年
- 土屋陽介監修『こころのナゾとき』（小学1・2年 / 小学3・4年 / 小学5・6年）成美堂出版、2016年
- ジュリアン・バッジーニ / ピーター・フォスル著、廣瀬覚 / 長滝祥司訳『哲学の道具箱』共立出版、2007年
- こどものための哲学（philosophy for children : p4c）https://youtu.be/0b222t_8P34
- ジャン = ピエール・ポッツィ / ピエール・バルジエ監督『ちいさな哲学者たち』2010年
- 内田英恵監督、川辺洋平出演『こども哲学—アーダコーダのじかん—』2017年　http://movie.ardacoda.com

学校での実践

- p4c みやぎ・出版企画委員会著、野澤令照編『子どもたちの未来を拓く探究の対話「p4c」』東京書籍、2017年
- お茶の水女子大学附属小学校 / NPO 法人 お茶の水児童教育研究会編著『新教科「てつがく」の挑戦—"考え議論する"道

徳教育への提言—』東洋館出版社、2019年

現在全国には数多くのこども哲学を実践する団体があります
が、その中からいくつかの例を以下に紹介します。

1）全国規模で活動している団体・哲学カフェ
・哲学プラクティス連絡会 http://philosophicalpractice.jp/
・p4c Japan http://p4c-japan.com/
・カフェフィロ http://cafephilo.jp/

2）各地域で実践する団体や教育機関
・こてつ　子どものための哲学対話（開催地）埼玉県和光市（対
　象）小学生（Web・SNS）https://kotetsu.site/
・こども哲学のアトリエ（開催地）東京都府中市（対象）3歳〜年
　長（Web・SNS）https://www.facebook.com/kodomotets
　ugaku.no.atelier/
・こどものてつがくきょうしつ（開催地）神奈川県逗子市（対象）
　小学生（Web・SNS）https://m.facebook.com/kodomono.
　tetsugaku/
・ねりま子どもてつがく（開催地）東京都練馬区内（対象）未就学
　〜小学生（Web・SNS）https://nerimakidsphilosophy.ame
　baownd.com/

- こども哲学教室ソフィー（開催地）千葉県柏市（対象）3歳〜9歳（Web・SNS）https://tkids.tsite.jp/classes/1535.html
- はなこ哲学カフェいどばたのいどほり（開催地）東京都多摩地区、西東京周辺など（対象）幼児〜 子育て中の保護者、保育関係者など（Web・SNS）https://www.facebook.com/hanakophilosophycafe/
- 寄居子ども哲学教室（開催地）埼玉県大里郡寄居町（対象）未就学児〜小学生低学年（Web・SNS）https://greennote.or.jp/子ども哲学教室 /
- ベースクール（開催地）東京都国分寺市（対象）小学生（Web・SNS）http://baseschool.net/　https://www.facebook.com/baseschool.jp/
- 犬てつ（犬山×こども×大人×てつがく×対話）（開催地）愛知県犬山市（対象）こども〜おとな（Web・SNS）http://www.inutetsu.org/　https://inutetsu.exblog.jp/　https://www.facebook.com/inutetsu1/
- CLAFA 対話のアトリエ（開催地）愛知県名古屋市、東京都内など（対象）幼児〜おとな、椙山女学園大学附属幼稚園クラスなど（Web・SNS）https://www.shihoyasumoto.com/　https://www.facebook.com/CLAFA-1407136609511257/

※ 2019年6月時点での情報です。活動をお休み・終了される場合や、Web サイトが削除される場合もありますのでご注意ください。

あとがき

　こども哲学は、海外ではもうずいぶんと普及しています。1970年代のはじめに、アメリカやオーストラリア、ニュージーランドなどの英語圏やヨーロッパで行なわれるようになり、その後、南米や中米、南アフリカ、お隣の韓国やシンガポール、台湾、香港でも行なわれるようになりました。日本に入ってくるのは遅かったくらいです。

　こども哲学は、日本だけで通用する流行りの教育法とはわけが違います。これからも世界でずっと行なわれていくでしょうし、だんだん日本の学校でも取り入れられるようになるでしょう。それだけではなく、会社や役所などの職場でも哲学的なテーマで対話を行なおうとする人たちも増えてきているのです。今後も、世界中で哲学的な対話を行なう活動は盛んになっていくと考えられます。こども哲学や教育のことで、他の国で実現されていることは、かならず日本でも実現します。ユネスコは、どの国でもこどもが小さいうちから哲学教育を行なうべきだと勧告しています。

　哲学のテーマは、身近で、誰もが一度は疑問に思ったことのあるものばかりです。そのなかには、言語や社会、科学、芸術、生活、体育・スポーツなどあらゆる課題がつまっています。他の教科ではけっして扱わないけれどとても重要なテーマがあります。愛情とか、友情、人生、価値観、善悪などがそうです。こうしたことをこどものうちから考えて、話し合っておくことは、世界中の人がとても大切なことだと認めています。自然や生命をどう扱えばいいのか、社会はどうあるべきなのか、職業とは何か。こう

したことをまるで考えずに、学校に行ったり、仕事をしたりしていても、ちょっと世の中が変わってしまえばこれまでの常識が通用しなくなり、すぐに不安になったり、現状にしがみついたり、どうしていいかわからなくなったりしてしまいます。

　現在は、1人ひとりが自分自身の生き方をよく考えて、自分がよい生き方をするには、どういう知識を生み出していけばいいか、どういう人間関係を築いていけばいいか、どういう職場や社会にすればいいか、深く考えぬいてきちんと意見を持って生きていくという世の中になったのです。

　哲学をテーマにするとなかなか答えが出ないことが多くて、話し合っているうちに時間切れとなることも多いと思います。でも、人生や、社会の中で出会う本当の問題は、どれも簡単に答えの出ないものばかりです。職場や家庭で出会う問題も、少し掘り下げてみると深い哲学的な意味を持ったものなのです。

　しかし、学校では答えが1つに決まる問題ばかりが出されます。どうしてかご存知ですか。採点しやすいからです。そして順位をつけやすいからです。そんな先生や学校側の都合に合わせた勉強ばかりやっていると、実際の社会で直面する問題に正面から向き合うことができなくなります。正解がある問題ばかりを解くことは、レンジでチンするだけの、人工的な味付けをしすぎた、歯ごたえも新鮮さもない食べ物しか食べられなくなってしまうことに似ています。こども哲学は、自分で魚を釣って、作物を育てて、自分で調理して食べることから学ぶことだと言えるでしょ

う。出来合いのものばかり食べていると、食べ物を得ることの難しさ、自分で作ったものを食べるおいしさ、本当に自分が好きな味、命をつないでくれるありがたさが分からなくなります。それと同じです。こども哲学は生きた問いを扱います。

　こども哲学を繰り返し実施したこどもは考える力がつくことが、すでにいろいろなデータと研究から実証されています。しかしこども哲学の本当の重要さは、さまざまに異なる背景を持った人たちと場を共にすることができるようになることです。

　だから対話は、同じ意見の人ばかりではできません。また参加した人が、同じテーマや問いに関心を持ってくれないとやはり対話はできません。異なった人が異なったままで同じテーマや問いに関心を持ってくれることで成立するのです。対話は、異なった人が結びつくことのできる活動です。さまざまな意見が出ることが対話を活性化させます。このことで、こどもは、自分と異なった人間の価値と尊厳に気がつくことでしょう。対話することそのものが道徳を学ぶことであり、平和を学ぶことなのです。

　この本を読み、みなさんが一緒に考えることで、1人ひとりが吟味された人生を生き、豊かな社会を作っていくことを期待しています。

立教大学教授・こども哲学 おとな哲学 アーダコーダ副代表理事
河野哲也

アーダコーダについて

　特定非営利活動法人 こども哲学　おとな哲学 アーダコーダ（2014年設立）は、正解のない問いについてグループで考える哲学対話を社会の中で実践的に活用するためのスキルやプログラムを提供する NPO 法人です。

VISION

　目指す社会像　人々が考え方の違いや自らの変化を受け入れ、自らの意見を臆することなく伝え、自由な発想で対話できる社会をつくる。

MISSION

　果たすべき使命　価値観や生き方が多様化する社会で、こどもからおとなまで広く抱えているコミュニケーションの難化という課題に対して、相手の意見を聞き、自分の意見を伝えて、正解のない問いに向き合い、じっくり考える「哲学対話」の時間を提供する。

具体的な活動内容
・こども哲学ファシリテーター養成講座の開催・講師派遣
・ビジネス哲学対話ファシリテーター派遣
・ファシリテーター派遣・コミュニティ活動支援
など
ホームページ：http://ardacoda.com/
Facebook：https://www.facebook.com/ardacoda/

執筆者紹介

三浦 美沙（みうら みさ）　アーダコーダ理事。千葉大学行動科学科哲学講座を卒業後、IT企業に就職。アカデミックな場以外でも哲学に触れられる社会を目指してアーダコーダに参加し、おもに講座運営や修了生のコミュニティづくりに関わる。共著書に『こころのナゾとき 小学3・4年／小学5・6年』成美堂出版、2016年がある。

堀越 睦（ほりこし むつみ）　アーダコーダ理事。哲学カフェを主催する任意団体「さろん」の運営スタッフ。ファシリテーターを務め、月1度の哲学対話を楽しむ。本業はIT業界の会社員。2008年頃から街中の哲学カフェに参加者として通った後に有志とともに「さろん」を立ち上げる。

小川 泰治（おがわ たいじ）　アーダコーダ理事。宇部工業高等専門学校一般科（社会）講師。早稲田大学大学院文学研究科哲学コース博士後期課程満期退学後、東京などで地域や学校での、様々な年代に対する対話の場づくりに協力。授業で哲学する場づくりに試行錯誤するかたわら、他校での教員研修や授業協力にも取り組んでいる。

こども哲学ハンドブック
自由に考え、自由に話す場のつくり方

2019年8月31日　初版第1刷発行
2024年5月1日　初版第4刷発行

著　　　者	特定非営利活動法人 こども哲学 おとな哲学 アーダコーダ
発 行 者	八尾 浩幸
発 行 所	アルパカ合同会社 〒189-0002 東京都東村山市青葉町2-7-85 tel 042-407-9120　fax 042-390-6538 https://www.alpaca.style
印刷・製本	モリモト印刷株式会社

ISBN 978-4-910024-00-4　C0037